Interpretationen zu „Erzählungen der Gegenwart IX–X"

Schulpraktische Analysen und Unterrichtshilfen

von
Regina Erben
Roswitha Vorndran

Cornelsen

Umschlagentwurf: Brita von Schenck, Kronberg
Herstellung: Julia Walch, Bad Soden

1. Auflage 1994

Druck: Saladruck, Berlin
ISBN 3-464-40180-4
Bestellnummer 401804

Gedruckt auf Recyclingpapier, hergestellt aus 100 % Altpapier.

Inhalt

Erzählungen der Gegenwart IX

Erzählungen der Gegenwart X

Lutz Rathenow Der Hampelmann

Inhalt und Gehalt

Ein kleiner Junge benutzt einen Spielzeughampelmann, um seine jüngere Schwester zu ängstigen und von ihr Hilfsdienste zu erpressen. Dabei verwischen sich die Grenzen zwischen Phantasie und Realität immer mehr, bis die Mutter das Spielzeug verbrennt.
Die Geschichte macht deutlich, daß Geschwisterliebe nichts Natürliches ist, daß sich Geschwister durch nachkommende vielmehr bedroht fühlen können und sich auf schlimme Art rächen.
Der Junge empfindet seine kleine Schwester als Eindringling, als etwas Fremdes, später auch als manipulierbares Spielzeug. Mehr zufällig erlebt er, wie er der Schwester, der gefährlichen Konkurrenz um die Gunst der Erwachsenen, mit Hilfe von Geschichten Angst einjagen kann. Dieses Machtgefühl wird durch immer gewagtere Geschichten und Forderungen gesteigert und führt beim Jungen zu Realitätsverlust („Doch er bestand darauf: Den sprechenden Hampelmann gab es …“). Als die Mutter schließlich den Hampelmann verbrennt, haßt der Sohn sie für einen Augenblick, bis er beim Räuber- und Gendarm-Spiel die Angelegenheit vergißt.
Dieses schnelle Vergessen zeigt, daß es sich bei dem Verhalten des Jungen um keine bewußte Rache handelt, sondern mehr um ein grausames Spiel, das der Junge aber nicht von sich aus beenden kann.

Struktur und Sprache

Die Erzählung ist chronologisch aufgebaut, wobei sich die Ereignisse logisch steigern. Dabei vermenschlicht sich der Hampelmann zunehmend. Der unerwartete Schluß beendet diese Steigerung abrupt.
Ein personaler Erzähler berichtet die Kindheitserinnerungen des Jungen vordergründig objektiv und distanziert („der Junge“, „das ihm verwandte Mädchen“, „der Vater“, „die Mutter“).
Auffallend ist der lakonische Berichtstil, gekennzeichnet durch kurze Hauptsätze, an entscheidenden Stellen nach dem Muster Subjekt–Prädikat–Objekt oder elliptisch verkürzt.

Didaktisch-methodische Hinweise

Die Erzählung stellt keine großen Anforderungen an die Lesefertigkeit, behandelt allerdings ein Thema, zu dem sich Jugendliche in der Pubertät nur ungern äußern, da sie sich leicht betroffen fühlen. Durch die sachliche Sprache bleibt die Möglichkeit der Distanzierung.

Hinführung:

1. Schüler berichten über Kindheitserinnerungen mit ihren Geschwistern
2. Stilles Erlesen der Erzählung

Erarbeitung:

1. Warum ist die Geschichte mit „Der Hampelmann“ überschrieben?
2. Warum kann der Junge seiner Schwester mit dem Hampelmann Angst einjagen?
3. Würde die Geschichte auch so ablaufen, wenn statt der Schwester ein kleiner Bruder als Zuhörer da wäre?

4. Verhalten sich deiner Meinung nach die Erwachsenen richtig?
5. Warum spielt der Junge mit seiner Schwester dieses Spiel?
6. Lügt der Junge, wenn er darauf besteht: „Den sprechenden Hampelmann gab es, und er konnte sich bewegen."

Vertiefung:

1. Literarisches Rollenspiel:

1.1 Wie könnte das Gespräch zwischen den Eltern abgelaufen sein? Stell dir vor, du bist der Vater, die Mutter der beiden Kinder; ihr besprecht am Abend, wie ihr euch dem Jungen gegenüber verhalten wollt.

1.2 Die Schwester, in der Zwischenzeit so alt wie du, schreibt ihrer Freundin einen Brief über den unheimlichen Hampelmann.

1.3 Der Hampelmann erzählt anderen Spielsachen von seiner Rolle als Angstmacher.

2. Erfinde eine Geschichte, die der Junge als Hampelmann seiner Schwester erzählt.

Zur Rolle des kindlichen Spiels s. a. Adelheid Duvanel, Die Käferwohnung, Erzählungen der Gegenwart IX, S. 4 ff.

Adelheid Duvanel Die Käferwohnung

Inhalt und Gehalt

Wegen der Trennung seiner Eltern wohnt der kleine Stephan bei seiner Großmutter. Er empfindet die neue Lebenssituation als Bedrohung, ist verängstigt und verzweifelt und kann sich nur im Spiel einen bescheidenen Lebensraum zurückerobern.
Die psychologisch orientierte Erzählung zeigt die vollkommene Überforderung kleiner Kinder durch die Trennung der Eltern. Dabei erscheint die neue Umgebung als gefährlich, die Großmutter als furchterregender Popanz; die bisherigen Bezugspersonen werden als unerreichbar, die Nachbarskinder als aggressiv empfunden. Das Gefühl der vollkommenen Abhängigkeit und der eigenen Ohnmacht beherrscht Stephan, dem in seiner Verzweiflung nur der Rückzug in den Keller, anderntags in das Spiel von der „Käferwohnung" bleibt, wo es zwar eklig, aber sicher ist („ … aber uns im Graben kann nichts geschehen. Die Tiere sind zwar widerlich, aber wir werden uns an sie gewöhnen.").

Struktur und Sprache

Die Erzählung ist in sechs Abschnitte eingeteilt:

1. Stephan kommt zur Großmutter
2. Stephans Bild von der Großmutter
3. Das Nachbarmädchen
4. Die verwüstete Spielstadt
5. Verzweiflung Stephans
6. Stephans neues Reich

Die Sprünge in Stephans Denken zeigen sich in der Mikrostruktur. Bruchstückhaft und zusammenhanglos, wie Stephan gegenwärtig die Welt erscheint, werden Erlebnisse und Beobachtungen seit der Ankunft bei der Großmutter bis zum Spiel in der Käferwohnung

aneinandergereiht, so daß der Leser das Chaos in Stephan nacherleben kann.
Der Erzähler berichtet die Ereignisse aus der Sicht des nichtverstehenden Kindes, dem alles gefährlich und bedrohlich erscheint. Dabei besteht ein Widerspruch zwischen der naiven Sichtweise des Kindes und der teilweise recht gesuchten Ausdrucksweise.
Vor allem am Anfang werden viele Bilder und Vergleiche verwendet, die aber teilweise in sich brüchig, zusammenhanglos und symbolträchtig aufgeladen sind. Die Sprache wechselt zwischen nüchternem Berichtsstil und gefühlvoller, pathetischer Beschreibung.

Didaktisch-methodische Hinweise

Die Auseinandersetzung mit dem (tiefen)psychologisch orientierten Text verlangt einen Leser, der in der Lage ist, über seelische Vorgänge bei sich und anderen zu reflektieren. Auch durch die Art der Gedankenführung ist die Erzählung recht schwierig zu lesen. Vor allem der Schluß wirft Fragen auf. Bei der Behandlung im Unterricht ist der Gegensatz zwischen der in allen Bereichen als übergroß, bedrohlich und zerstörend empfundenen und erlebten Umwelt und dem freiwilligen Rückzug, der Flucht in eine zwar als eklig, aber als sicher empfundene Spielwelt herauszuarbeiten. Dabei kann in der Weiterführung über die Bedeutung des Spiels für Stephan und ganz allgemein für Kinder nachgedacht werden. (vgl. Lutz Rathenow, Der Hampelmann)

Hinführung:

Statistisches Material über die Zahl der Ehescheidungen

Erarbeitung:

1. Weshalb kommt Stephan zur Großmutter?
2. Welche Gefühle löst der Wohnungswechsel bei Stephan aus?
3. Wie sieht Stephan die Großmutter?
4. Welche Rolle spielt das Nachbarmädchen?
5. Wie fühlt sich Stephan am Schluß der Geschichte?

6.1 Trage auf einer Ereignisleiste alle wichtigen Ereignisse der Geschichte ein.
6.2 Schreibe über jedes Ereignis die Wetterangaben. Welcher Zusammenhang besteht zwischen dem Wetter und den Ereignissen bzw. der Befindlichkeit Stephans?
6.3 Schreibe unter jedes Ereignis den Ort des Geschehens. Inwieweit zeigt der Ort, wo sich Stephan aufhält, etwas über seine Gefühlslage?

Vertiefung:

1. Wie wird die Geschichte Stephans wohl weitergehen? Wie wird er sich in der Schule verhalten, wie anderen Kindern gegenüber?
2. Für Stephan bedeutet das Spiel hauptsächlich Flucht aus der Wirklichkeit, aber auch eine Möglichkeit, mit den gegebenen Umständen fertig zu werden; hätte er noch andere Möglichkeiten?
3. Warum will Stephan niemandem zeigen, „er sei verzweifelt“? (vorletzter Abschnitt)

Vergleichstext:

Lutz Rathenow, Der Hampelmann, Erzählungen der Gegenwart IX, S. 3 f.

1977 erscheint Klaus Schlesingers Erzählungsband „Berliner Traum". In 5 Erzählungen thematisiert der Autor den konfliktreichen Alltag in der geteilten Stadt aus der Sicht ihrer Bewohner im Ostteil. Mit der Auftakterzählung „Die Spaltung des Erwin Racholl" wird das Thema gesetzt, wie tief Verletzungen und Entfremdungen im Menschen wirken. Die Frage der Hauptfigur „war er nicht mehr er selbst?" gewinnt in kafkaesken Alpträumen ihre Zuspitzung und keine Lösung. Mit der Schlußerzählung „Am Ende der Jugend" gestaltet der Autor die erste, emotional zutiefst widersprüchliche Reaktion auf den Mauerbau. Es dominiert die Position einer Erzählfigur „Ich glaube, es gibt Alternativen, vor die ein Mensch nicht gestellt werden sollte." „Nein" ist die zweite Erzählung.

Inhalt und Gehalt

Ein Ostberliner Junge hat einen alles beherrschenden Traum: Er will fliegen. Der geschiedene Vater versprach, ihn zu erfüllen. An seinem 9. Geburtstag will er vom Vater dieses versprochene Geschenk einfordern. Auf der vergeblichen Suche nach dem Vater bedrängen ihn unverstandene Entscheidungen der Erwachsenen (Scheidung der Eltern, Sanktionen der Mutter). In eine zerstörerische Krise stürzend, verwirklicht er sich seinen Wunsch: vom Dach des Hauses, in dem die Wohnung des Vaters ist, zu Tode fliegend. Der Autor erzählt, wie ein Kind in die Situation eines völligen Zusammenbruchs sprachlicher Kommunikation gerät. Es ist unfähig, sich anderen (der Mutter, dem gleichaltrigen Freund, dem Polizisten) sprachlich mitzuteilen. Von seinen Sehnsüchten und seinen Ängsten dringt hörbar kaum etwas nach außen. Zugleich ist der gesuchte und denkbare Kommunikationspartner (Vater, Mutter, Freund) außerstande, die sparsamen Signale wahrzunehmen.

Struktur und Sprache

Die Erzählung hat einen strengen Rahmen. Sie setzt mit: „Das ist einer, der will fliegen" unvermittelt ein. Und sie löst mit einem ruhigen Bild die Spannung auf: „Er macht die Augen zu und fliegt. Alles sanft, alles weich, alles klein und so weit und ruhig ... Und läßt sich hängen und schwebt und fühlt sich frei." Darin eingeordnet sind die Stationen der vergeblichen Suche nach seinem Vater. Sie führen die Figur von der Vorfreude auf das Wiedersehen mit dem Vater über die Angst vor Strafen der Mutter zu tiefer Leere, als er erkennt, daß man dem Wort des Vaters nicht vertrauen kann. In dieser Situation extremer Verlassenheit fällt die Figur in einen langen Monolog. Erinnerte und aktuelle Worte führen sie in ein Sprachlabyrinth. Der Autor nutzt zu seiner Darstellung auch grafische Mittel. Die Erzählerposition ist mehrschichtig: Der Erzähler am Anfang, weitgehend bei der Darstellung des spannungsvollen Geschehens und am Schluß ist ein genauer, sensibler, anonymer Beobachter. Zugleich drängt ein Ich-Erzähler an entscheidenden Stellen durch. Da wird der Erzähler unvermittelt Medium für das Kind: „Du bist oben am Himmel und schwebst, und alles ist ganz klein. Also weg, also raus ... Also raus und weg ... Ich fahr hin ... Nee, ich will nicht mehr ..."
Die Übergänge zwischen beiden Erzählhaltungen sind fließend. Auch der anonyme Erzähler „erliegt" der Sprache des Jungen (ihrer Lexik und ihrer hektischen, angstvollen Syntax).

Didaktisch-methodische Hinweise

Die Länge des Textes und die dargestellte extreme Situation (kindlicher Suizid) stellen an das Erlesen hohe Anforderungen. Ein rezitativer Lehrervortrag sollte das Erschließen des Textes erleichtern.

Erarbeitung:

1. Stilles Lesen und Vorlesen des Rahmens der Kurzgeschichte (Anfang des Textes bis „Und er weiß es jetzt.“, S. 7, und „Nee, ich will nicht mehr.“ bis Schluß des Textes, S. 16). Zweimal spricht der Autor vom Fliegen. Am Anfang ist es für den Jungen lebenswichtig, am Schluß ist es lebenszerstörend. Warum?
2. Ein Kind sucht seinen Vater.

2.1 Verfolge im Mittelteil des Textes die Stationen seines Weges! Notiere seine Erlebnisse, Gefühle, Gedanken und wichtige Wörter, an die es sich erinnert!

2.2 Gab es in der Kette seiner Suchstationen eine Möglichkeit, ihm zu helfen? Wie charakterisiert der Autor den Vater, die Mutter, den Freund Kalle und den Polizisten?

3. In seiner extremen Verlassenheit gerät der Junge auch in ein Sprachlabyrinth.

3.1 An welche Wörter erinnert er sich und warum?

3.2 Welche Wörter formuliert er für sich und warum?

Vertiefung:

1. An wichtigen Stellen wechselt der personale Erzähler zum Ich-Erzähler (Monologteile: „Du bist oben am Himmel und schwebst, und alles ist ganz klein“. S. 7; „Ich fahre nach Schönefeld … Ich fahr hin“. S. 11; „Du mußt nur etwas ganz fest wollen, dann schaffst du es auch“. S. 12; „Du mußt zu Kater … ich brauche den ... ich brauch den unbedingt“. S. 14; „Ich bin neun geworden ... Nee, ich will nicht mehr. Ich geh nich mehr zurück. Soll sie sehn, was sie macht, wenn ich gar nicht mehr komme. Wenn ich gar nicht mehr bin“. S. 16
   sowie
   Dialogteile: „Ich heiße Heinz, Dieter Heinz …“. S. 13; „Hat sie was gesagt, wegen mir? … hat sie gefragt nach mir?“ S. 15).
   Begründe den Wechsel!
2. Versuche, das Geschehen aus der Sicht einer betroffenen Person zu werten! Was könnten der Vater, die Mutter, der Freund Kalle gedacht und gesagt haben, als sie vom Tod des Jungen erfuhren?
3. Wie kann man Kindern helfen, mit der Lebenssituation nach der Scheidung der Eltern zurechtzukommen?

Hilde Spiel Schulkindergeschichte

Inhalt und Gehalt

In einer Mädchenklasse ereignet sich im Geschichtsunterricht ein Zwischenfall. Einer Schülerin wird bei der Leistungskontrolle vorgesagt. Niemand gibt zu, es gewesen zu sein. Als Eveline behauptet, es sei Nora gewesen, bestreitet es diese. Die Autorin entwirft, verdichtet in einer Episode, ein Bild vom Erziehungsstil in der bürgerlichen Schule zu Beginn unseres Jahrhunderts. In der Figur der Lehrerin Graubart charakterisiert sie, konzentriert und zum Teil karikierend, einen autoritären pädagogischen Stil, der eine Atmosphäre von Heuchelei, Lüge, Angst, Denunziation und Boykott schafft. Die Lehrerin Graubart respektiert nicht nur die tief in die Mädchenklasse hineinwirkenden sozialen Unterschiede (Kleidung, Sitzordnung), sondern geht mit einem System von Bevorzugung und Diskriminierung (Beziehung zu Eveline und Lischen) stabilisierend darauf ein. Die Autorin geht der Frage nach, wie schwierig es ist, auch das Verhalten dieser Schülerinnen (Nora, Eveline) zu verstehen und zu beurteilen.

Struktur und Sprache

Eine Erzählerin (ich/Nora) versucht, sich von belastenden Schulerinnerungen freizusprechen. Jahrelang Verschwiegenes und Verdrängtes wird benannt. Der Leser spürt, die Erzählerin ist einem „blinden“ Fleck ihrer Biografie auf der Spur. Trotz der erheblichen zeitlichen Distanz ist ihr das Erlebte noch sehr gegenwärtig und noch immer nicht voll faßbar. Die Mischung aus Zauber, Faszination, Neid und Haß, die das Verhältnis Eveline – Nora, Eveline – Klasse bestimmte, macht es der Erzählerin „noch heute“ schwer, ihre Tat (Lüge) und deren Konsequenzen (Evelines Sturz und Weggehen) zu bewältigen.
Die Autorin gestaltet den komplizierten Erinnerungsgang durch die mehrschichtige Struktur des Textes. Eine Vordergrundshandlung (Unterrichtsstunde) wird durch eine Hintergrundshandlung (Evelines Dominanz und Sturz) durchdrungen. Besonderes Gewicht erhält der letzte Satz des Textes. Erst hier offenbart sich die Erzählerin als Lügnerin von damals. Von diesem Satz reicht der Spannungsbogen zum Titel des Textes: Erzählt wird von lange verschwiegenen tiefen Wunden einer Erwachsenen, die aus frühester Schulzeit herrühren, und dem Versuch, sie erzählend zu heilen.

Didaktisch-methodische Hinweise

Der relativ umfangreiche Text sollte durch häusliche Lektüre mit gezielten Leseaufgaben vorbereitet werden.

Hinführung:

1. Der Text erzählt von einer Schulklasse, von der dich 3 bis 4 Generationen trennen. Suche alte Fotos von Schulklassen, Klassenräumen, Schulen! Was fällt dir beim Betrachten auf?
2. Wie charakterisiert die Erzählerin die Mädchenklasse im Text?

2.1 Notiere Hinweise auf: Alter, Herkunft, Eltern, Wohngegend der Schülerinnen sowie auf Rangordnung und Sitzordnung in der Klasse!

2.2 Wie charakterisiert die Erzählerin Eveline?

Erarbeitung:

1. Beschreibe die Lehrerin Graubart!
1.1 Wie würdest du ihren Erziehungsstil charakterisieren?
1.2 Hättest du auch Angst vor ihr?
2. Was ist Denunziation?
2.1 Warum denunziert Eveline ihre Mitschülerin Nora?
2.2 Wie steht der Erzähler zu Denunziation?
2.3 Würdest du sagen, denunzieren ist moralisch immer zu verurteilen?

Vertiefung:

1. Der Text hat eine Vordergrundshandlung: die Geschichtsstunde. Und er hat eine Hintergrundshandlung: Evelines Dominanz in der Klasse, ihr Sturz und ihr Weggehen. Untersuche, wie sich beide Handlungen durchdringen!
2. Die Erzählerin denkt an weit Zurückliegendes. Notiere, wie sie sich langsam ihrer Lüge erinnert und sie nach Jahren beurteilt!
3. Versuche, aus der Sicht Evelines das Geschehen zu erzählen! Was wird sie anders erlebt haben?

Erich Loest Haare

Inhalt und Gehalt

Die langen Haare des 15jährigen Horst sind den Eltern, insbesondere der Mutter, seit langem ein Dorn im Auge. Sie verlangen, daß er sich die Haare schneiden läßt. Da Horst dieser Forderung nicht nachkommt, schneidet ihm, während er schläft, die Mutter teilweise die Haare ab. Am nächsten Tag erscheint Horst zwar mit frischgeschnittenen Haaren, aber mit einer Tätowierung am Arm.
Die Erzählung zeigt, wie an einem an sich nichtigen Ereignis trotz des eigentlich guten Willens aller Beteiligten eine Familie fast zerbrechen kann, weil keiner den anderen richtig versteht und jeder sich durch den anderen provoziert fühlt.

Struktur und Sprache

Chronologische Darstellung mit einer Rückblende am Anfang (2.–10. Abschnitt)
Ständig wechselnde Erzählperspektive: Die Ereignisse und Gespräche werden von einem neutralen Erzähler protokolliert und von den einzelnen Personen in einer Art innerer Monolog kommentiert. Diese wechselnde Erzählhaltung verlangt ein ständiges Umschalten und kann leseungeübten Schülern Schwierigkeiten bereiten.
Der Satzbau ist einfach und klar, die Wortwahl den jeweiligen Personen angepaßt.

Didaktisch-methodische Hinweise

Pubertät ist immer auch ein Abgrenzen von anderen. Betonen der eigenen Identität und ein Ringen um Anerkennung innerhalb der Gleichaltrigengruppe, sei es durch Kleidung,

Frisur, provokative Anschauungen usw. Die Erzählung greift dieses typische Problem der Heranwachsenden auf. Auch Horst sucht etwas, was ihm allein gehört, was ihn von anderen unterscheidet und was ihm „Bewunderung“ bei seinen Klassenkameraden bringt. Schlüsselsatz für das Verständnis von Horst ist deshalb: „Das kann mir wenigstens keiner wegnehmen.“
Fast jeder Jugendliche hat schon ähnliche Situationen wie die beschriebene erlebt. Von daher dürfte der Zugang zu der Erzählung leicht fallen, auch wenn das Haare-Problem heute nicht mehr so aktuell ist wie in den 70er Jahren. Wegen der Länge der Erzählung empfiehlt sich, sie zu Hause im Vorgriff lesen zu lassen oder eine Doppelstunde einzuplanen.

Vorbereitende Hausaufgabe:

Lektüre mit folgendem Arbeitsauftrag: Die Erzählung handelt von drei Personen, die die Handlung verschieden erleben. Kennzeichne die Gedankengänge von Vater, Mutter und Horst jeweils mit einer anderen Farbe!

Erarbeitung:

1. Bildet eine Vater-, Mutter-, Horst-Gruppe. Versucht eure Person näher zu charakterisieren; denkt dabei an Alter, Aussehen, Beruf, Stellung und Anerkennung im Beruf, Stellung im Familienleben, Zufriedenheit mit der Situation und der eigenen Rolle, Handlungen, Benehmen. Wählt eine(n) aus eurer Gruppe, die/der sich als Herr, Frau Burghausen, Horst den anderen vorstellt.

2.1 Wie versuchen die drei Personen, jeweils mit ihren Problemen fertig zu werden?
2.2 Inwieweit hilft dieses Vorgehen, das Problem zu bewältigen?
2.3 Warum bringt es auf Dauer keine Lösung?

3. Wie kommt es zur Eskalation des Streits? Was werfen sich die Beteiligten gegenseitig vor? Was macht deiner Meinung nach der Vater/die Mutter/Horst falsch? Wie könnte man das Problem besser lösen?
4. Versucht das Abendessen durchzuspielen, ohne daß es zum großen Streit kommt.

Vertiefung:

1. Horst verwendet viele Ausdrücke aus der Jugendsprache der 70er Jahre.

1.1 Schreibe diese Ausdrücke heraus und übertrage sie in die Hochsprache.
1.2 Wie würdest du heute dafür sagen?
1.3 Welche Bedeutung hat die eigene Sprache für Horst?

2. In den 70er Jahren empfanden viele Erwachsene lange Haare bei Jugendlichen als Provokation. Was könnten heute Anlässe für einen solchen Streit wie in der Erzählung sein?

Vergleichstext:

Gabriele Wohmann, Ja, das ist machbar, Erzählungen der Gegenwart X, S. 14 ff.

Helga Schubert Ein Hund

Inhalt und Gehalt

Ein achtjähriges Kind wünscht sich einen Hund. Seine Eltern versuchen angestrengt, aber vergeblich, es von diesem Wunsch abzubringen. Die Autorin erzählt, wie Eltern einer alltäglichen erzieherischen Situation nicht gewachsen sind und überfordert reagieren. Sie verstehen den Wunsch nicht als Signal für fehlende Zuneigung und tiefe Erlebnisse, sie nehmen ihn als Anlaß für Käufe von Ersatztieren. Der Leser ahnt, daß die Ursache ihres Verhaltens die gestörte Beziehung der Eltern zu ihrem Kind ist. Das Kind tritt dem Leser nur als Objekt elterlicher Pläne und als Neutrum im wörtlichen Sinne entgegen.

Struktur und Sprache

Der Text ist chronologisch geordnet. Die zwei Auftaktsätze „Das Kind möchte einen Hund. Wir nicht." enthalten den tragenden Konflikt des Textes. Der Schluß der Kurzgeschichte ist offen. Der Wunsch bleibt unerfüllt, aber das Kind reagiert hartnäckig in der Situation. Der Text gibt die Stationen wieder, mit welchem Aufwand die Eltern das Kind auf „Hundeersatztiere" lenken wollen. Der Erzähler berichtet aus der Sicht eines und auch beider Elternteile. Dabei mutet das Erzählte wie eine elterliche Rechtfertigung an, wie eine hilflose Geste hin zum Leser: Was hättest du gemacht? Die Autorin läßt den Erzähler keine kritische Position zu sich finden. Das muß der Leser leisten.

Didaktisch-methodische Hinweise

Die lapidare chronologische Erzählweise stellt keine besonderen Anforderungen an das Erlesen der Kurzgeschichte. Im Gespräch sollte die dem jugendlichen Leser vertraute Konfliktsituation (Wunsch – Verweigerung seiner Erfüllung) hinterfragt werden.

Erarbeitung:

1. Die Kurzgeschichte beginnt mit „Das Kind möchte einen Hund. Wir nicht." Wie begründet der Erzähler am Anfang des Textes den Konflikt?
2. Lies noch einmal den Schluß der Geschichte. Ist der Konflikt gelöst?
3. Im Mittelteil des Textes berichtet der Erzähler detailliert von den Käufen. Warum werden wir so genau informiert?

Vertiefung:

1. Lieben diese Eltern ihr Kind? Was spricht im Text dafür und was dagegen?
2. Wäre für die Geschichte auch ein anderer Titel denkbar?
3. Angenommen, das Kind führt ein Tagebuch. Was könnte es dazu geschrieben haben?

Max von der Grün Kinder sind immer Erben

Inhalt und Gehalt

Ein Mann wird plötzlich, Jahre nach dem Krieg, als faschistischer Massenmörder erkannt und verurteilt. Ein benachbartes Ehepaar muß sich fragen, wie es zu dem Verurteilten, zu seiner Familie und zu sich selbst steht. An ihrem Verhalten thematisiert der Autor die Frage nach dem Umgang mit der Vergangenheit. Ihre Lebenskonstruktionen zu Anfang erweisen sich als untaugliche Klischees („Immer hatte ich geglaubt, Mörder müsse man an ihren Händen erkennen, Massenmörder an ihren Augen."). In der Figur des Nachbarn läßt der Autor Geschichte wiederholen: Er hat nicht den Mut, der Familie des Verurteilten beizustehen und sich damit Karriereerwartungen zu verweigern („denk an meine Stellung", „das können wir uns nicht leisten"). Dadurch entfremdet er sich seiner Familie. Mit der Figur der Nachbarin entwickelt der Autor einen hoffnungsvollen Ansatz: Er läßt sie zu Ende denken („du hast Glück gehabt damals", „hast du dich einmal geweigert?") und in ihrer natürlichen Menschlichkeit verantwortlich entscheiden und handeln („man darf die Kinder nicht bezahlen lassen, was …").

Struktur und Sprache

Der Text beginnt mit der abrupten Demontage eines lange aufgebauten Bildes (Massenmörder seien an ihren Händen erkennbar), gibt dann dem Psychogramm des Massenmörders Raum (Motiv der schönen Augen, Hände, Sprache) und leitet über zum Dialog des Ehepaares mit den bedrängenden Fragen: Was ist die ganze Wahrheit? Wer wagt, sich einem Erwartungsbild zu verweigern? „Sippenhaft" oder Suche nach menschlichen Aufarbeitungsformen und Lebensnormen?
Im Dialog erfährt der Titel der Erzählung seine kontroversen Deutungen und im Verhalten der Frau seinen neuen Sinn: Aber wir müssen den Kindern helfen, an diesem Erbe nicht zu zerbrechen. Dazu muß man mit ihnen sprechen.
Der Erzähler reflektiert den Prozeß des Nachdenkens aus der Sicht des Nachbarn. Er erzählt aus der Position, in einer schwierigen Situation versagt zu haben, bemüht, allen Argumenten Raum zu geben.

Didaktisch-methodische Hinweise

Die Länge des Textes und seine provokante Tendenz können das Erlesen erschweren. Der Lehrer sollte divergierende Positionen der Schüler zum Thema im voraus bedenken (z. B. Verjährungsformel, Schlußstrich ziehen) und aktuellen Problemen (Ausgrenzung, „Sippenhaft" heute) nicht ausweichen.

Erarbeitung:

1. Am Anfang des Textes beschreibt der Autor den Massenmörder.
1.1 Welche Merkmale und Eigenschaften betont er?
1.2 Sind diese Merkmale und Eigenschaften für dich mit deinem Bild von einem faschistischen Massenmörder vereinbar?
2. Lies den Dialogteil des Textes noch einmal! Notiere, wie das Nachbarehepaar seine Position zu dem Verurteilten, zu seiner Familie und zu sich findet! Achte auf die Argumente des Mannes und der Frau!
3. Vergleiche den Titel der Erzählung und die Meinung der Frau „man darf die Kinder nicht für etwas bezahlen lassen, was ..."!

3.1 Welche Unterschiede stellst du fest?
3.2 Welchem Satz würdest du zustimmen?

Vertiefung:

1. Das Nachbarehepaar durchlebt eine schwere Krise. Ist ihr Anlaß nicht längst verjährt?
2. Gibt es Formen von „Sippenhaft" und Ausgrenzung unter uns?
   Wen betreffen sie?
   Würdest du etwas dagegen tun wollen?
3. Denke dich in die Figur der Frau ein! Was könnte sie bei ihrem Besuch in der Familie des Verurteilten gesagt haben?
4. Der Erzähler spricht aus der Position des Nachbarn. Wir wissen, daß er versagt hat. Will er sich rechtfertigen, sich entschuldigen oder sollen wir ihm nur zuhören?

Franz Hohler Das Strafporto

Inhalt und Gehalt

Ein anonymer Erzähler erwägt, was geschehen würde, müßte ein Postverwalter irgendeines kleinen Schweizer Ortes Strafporto für eine Ansichtskarte aus der Mongolei einziehen. Er läßt den Diensteifer des Postverwalters alle amtlichen Wege gehen, und zuletzt läßt er ihn deswegen in die Mongolei fahren. Der Autor gestaltet den fragwürdigen Kontrast zwischen amtlichem Diensteifer und unerheblichem Wert des strittigen Gegenstandes der Erzählung. Die namenlose Figur lebt nur in der verselbständigten, eigengesetzlichen Welt ihrer Dienstvorschriften und Dienstauffassung, nicht gewillt, deren Sinn zu hinterfragen. Die Figur ist Unperson, ihre Kommunikation scheint für den Leser nur im Wahrnehmen und im Vollzug amtlicher Signale zu bestehen. So erwächst aus einem kleinen Anlaß (Strafporto einziehen) ein monströser Ablauf von Aktivitäten durch alle denkbaren Instanzen. Am Schluß wird bürokratisches Tun paradox gestoppt.

Struktur und Sprache

Der Erzähler will beim Leser Zweifel an der angemaßten Autorität der Bürokratie wecken. Dazu unterbreitet er dem Leser ein Denkspiel „Was wäre wenn?". Er rechnet damit, daß sich der Leser mit eigenen Erfahrungen und Fragen kritisch auf dieses Spiel einläßt. Durchgängig wird über den Konjunktiv, über Pausen und Neuansetzungen im Erzählen der Spielcharakter betont. Wortschatz und Satzbau machen die Denk- und Sprachatmosphäre des bürokratischen Apparates deutlich.
Der Erzähler entwickelt ruhig und gelassen das Spiel in seinen absurden Verzweigungen. Er verfremdet über das Exotische (mongolische Postkarte, Reise nach Ulan Bator) und das Harmlose (Pfennigbetrag des Strafportos) das Wissen über Leerlauf und Übermacht von Bürokratie. Sein surrealistischer Erzählstil provoziert die Frage: was wäre, wäre der Gegenstand gewichtiger gewesen?

Didaktisch-methodische Hinweise

Diese Fiktiv-Satire stellt hohe Ansprüche an das Erlesen, weil sie mit sicherem sprachlichen Wissen über Möglichkeiten satirischer Gestaltung (Konjunktiv, Satzbau, Wortschatz „Amtsdeutsch" ...) rechnet. Der rezitative Lehrervortrag (evtl. Autorlesung, Tonträger) könnte diese sprachlichen Mittel bewußt machen. Das Lesen und das Gespräch sollten den Spaß an Satire fördern.

Erarbeitung:

1. Der Autor schlägt dir ein Denkspiel vor: Was wäre, wenn? Lies die Stationen der Spielhandlung nach!
1.1 Was löst das Spiel aus?
1.2 Wer handelt und warum?
1.3 Ist am Schluß das Spiel beendet?
2. Der Postverwalter denkt und spricht nur „Behördendeutsch". Suche Wörter und Sätze, die ihn und seine Arbeit kennzeichnen!

Vertiefung:

1. Gestalte nach diesem Text einen Comic-Strip!
1.1 Wie sollte die Figur des Postverwalters aussehen?
1.2 Wieviele Bilder brauchtest du für die Serie „Strafporto"?
1.3 Formuliere die Sprechblasen!

Kurt Marti Da steht dann plötzlich einer

Inhalt und Gehalt

Ein anonymer Erzähler, Reporter, befragt zwei ältere Schweizerinnen, die Schwestern Lea und Lina Feuz, was ihnen passiert sei. Sie erzählen ihm die Geschichte vom Diebstahl ihrer Tasche und alles, was ihnen im Zusammenhang damit einfällt. Durch die scheinbar harmlos plaudernden Schwestern wird nicht nur ein altersbedingt nostalgisches Weltbild präsentiert, der Autor stellt ein konservatives Wertemuster zur Diskussion.

Struktur und Sprache

Der Autor erweckt mit der Struktur des Textes den Eindruck, es gehe ihm um die authentische Wiedergabe eines Dialogs. Alles Gesagte scheint bis in die kleinste, wiederholende, lautmalende Verästelung erfaßt zu sein. Der Erzähler nimmt sich zurück. Der Leser steht vor der Wechselrede zweier Figuren, die behäbig, breit und fast geschwätzig ist.
Ihre angebliche Harmlosigkeit wird durch den Dialekt bestärkt und ihre Spontaneität durch syntaktische Mittel (wie z. B. fragmentarische Satzkonstruktionen) besonders betont. Der Leser denkt, er habe den Anfang der Geschichte „verpaßt", denn das wiedergegebene Interview setzt erst nach dem vorstellbaren Anfang ein.
Der Text ist dreigliedrig. Im Auftaktrahmen wird das Bild der reichen, arbeitsamen

Schweiz beschworen. Im Mittelteil wird es wieder aufgenommen, und im Rahmenteil am Schluß des Textes wird das Bild abgegrenzt von den angenommenen Gefährdungen („hier in der Schweiz, wos allen doch gut geht“ – „den Leuten, glaub' ich, gehts einfach zu gut, darum haben sie ja nichts als reklamieren und demonstrieren im Kopf“).
Im Mittelteil des Textes gestaltet der Autor, wie sich beklemmende Angst im Menschen auswächst. Ein kleines Delikt reicht in einem unsicher gewordenen Leben aus, bedenkliche Klischees zu aktivieren und zu festigen. Im Text sprechen die Figuren über Zitate (Bruder Albert, Hauswart) diese Klischees aus: Fremde sowie Arbeitsscheue und Asoziale sind Verursacher von Kriminalität. Sie hoffen auf einfache Lösungen (einsperren, zu Tode spritzen lassen, sich bewaffnet selber schützen, Todesstrafe wieder einführen). Die reale Angst wächst sich im Dialog zum Angstwahn aus („da steht dann plötzlich einer, der schlägt, der sticht, der würgt“). Von daher kommt der Titel der Erzählung.

Didaktisch-methodische Hinweise

Der jugendliche Leser wird durch den fiktiven Dialog als geduldiger Zuhörer gefordert. Der Text kann helfen, Toleranz im Umgang von Jugendlichen mit älteren Menschen auszubilden, aber auch kritische Distanz einem manifesten Weltbild gegenüber.

Erarbeitung:

1. Was weißt du über das Leben alter Menschen in unserem Land? Wie leben sie, was ängstigt sie, was erfreut sie?
2. Was sagt der Text über die beiden älteren Schwestern? Notiere alle Hinweise, wie sich eine kleine Angst (Taschendiebstahl) zu einer Lebensangst (da steht plötzlich einer ...) ausweitet!

Vertiefung:

1. Gestalte die Interview-Situation! Denke dir den fehlenden Anfang aus! Ergänze die Wechselrede gestisch und mimisch!
2. Formuliere einen kurzen Zeitungsbericht zu „Da steht plötzlich einer“!
2.1 Was übernimmst du an Informationen?
2.2 Wie strukturierst du den Artikel?
2.3 Soll dein Reporter den Vorgang kommentieren?
3. Beide Figuren haben ein festgefügtes Lebensbild.
31. Wie beurteilen sie die Vergangenheit?
3.2 Wie sprechen sie über die Gegenwart?
3.3 In welchen Argumenten haben sie recht?

Helga Königsdorf Sachschaden

Zwölf Erzählungen umfaßt der 1988 erschienene Erzählband „Lichtverhältnisse“. In ihnen „belichtet“ die Autorin das „Dunkel“ in den Beziehungen zwischen Menschen in den von ihr als zementiert empfundenen politischen Strukturen der DDR. Die Auftakterzählung „Kugelblitz“ gestaltet die Zerstörung von Kreativität am Beispiel eines Erfinders. Die Schlußerzählung „Der Rummelplatz“ spricht vom leisen, einsamen Sterben eines Menschen. Dazwischen stehen Erzählungen über das Zerbrechen von Menschen, ihre Ausbruchsversuche oder Verdrängungen. „Sachschaden“ ist die zweite Erzählung.

Inhalt und Gehalt

Eine Frau mittleren Alters wird an einem Novemberabend auf dem Heimweg Zeugin eines Verkehrsunfalles. Ein junger Mopedfahrer stürzt und verursacht geringen Sachschaden an einem parkenden Auto. Die Frau hilft dem Verletzten, zieht sich aber angesichts aufgebrachter Passanten zurück. Hinter der ordentlichen, freundlichen Fassade einer anonymen Stadt läßt die Autorin beim Leser eine Ahnung von Leere, Hohlheit, Verdrängung und latenter Aggressivität aufkommen. Für einen Moment kommt es zwischen der Hauptfigur und dem Jungen zu einer Annäherung, zu einem Gespräch, das Mitgefühl und Güte der Frau zeigt sowie Angst und Hilflosigkeit des Jungen. Für diesen Moment durchbricht die Frau die Verkrustung lange gewachsenen Schweigens und ihre Einsamkeit. Sie zieht sich in erneutes Schweigen zurück, angesichts einer Atmosphäre massiver Gewaltandrohung.

Struktur und Sprache

Die Autorin erzählt sehr konzentriert den dreigliedrigen Text. Sie baut anfangs das Bild eines schein-harmonischen Lebens auf. Der Leser spürt, wie entleert es ist.
Dem stellt die Autorin im Mittelteil die abrupte Demaskierung angeblich freundlichen Zusammenlebens entgegen, aber auch einen Ansatz echter Kommunikation. Im Schluß wird das Eingangsbild wieder aufgenommen mit dem Versuch der Hauptfigur, in ihr schweigendes Leben zurückzutauchen.
Der Titel provoziert beim Leser die Frage, wer oder was hier wirklich dauerhaft zu Schaden kommt. Schaden hat menschliches Empfinden genommen, weil Ordnung und materieller Wohlstand höhere Wertigkeit erlangten. Ein personaler Erzähler berichtet ruhig, mit Betonung des „Authentischen“ (Stellenwert der Dialoge) vom Geschehen. Der Leser spürt seine Sympathie für die Frau und den verletzten Mopedfahrer, aber auch seine indirekte Verurteilung der hysterischen Passanten.

Didaktisch-methodische Hinweise

Durch ihre Kürze und die Konfliktkonstellation Jugendlicher – Erwachsener kommt die Erzählung dem jungen Leser entgegen. Fraglich aber ist, ob er die Kurzgeschichte als Beispiel ostdeutscher Literatur rezipieren kann. Das erforderte, die Codierungen der Autorin im Text aufzulösen und sie mit konkretem Wissen über ein untergegangenes System zu füllen. Vermutlich wird dem jungen Leser die allgemein moralische Tendenz des Textes leichter faßbar.

Hinführung:

1. Sammle Material aus den Medien über Verkehrsunfälle!
1.1 Über welche Schäden wird vorrangig und wie berichtet?
1.2 Was erfährst du über das Verhalten von Zuschauern bei Unfällen?

Erarbeitung:

1. Warum heißt der Text „Sachschaden“?
2. Welche Personen erleben den Unfall? Wie charakterisiert die Autorin den Jungen, die Frau und die anderen Passanten? Warum hilft die Frau dem Jungen nur kurze Zeit?

Vertiefung:

1. Wie stellt die Autorin dar, wie wichtig für die Personen Ordnung und Sachwerte sind?
2. Was an der Lebens- und Denkwelt der Personen der Erzählung erscheint dir vertraut? Was hat dich überrascht?
3. Denke dich in die Situation der Erzählung aus einem anderen Blickwinkel ein! Wie könnte der Junge seinen Eltern und wie seinen Freunden von dem Geschehen erzählt haben?
4. Wie würde sich ein Polizeiprotokoll lesen?

Günter Kunert Rennfahrer

Inhalt und Gehalt

In der Parabel wird auf verallgemeinernde Art die Fahrt eines Rennfahrers vom Start bis zum Ziel geschildert.
Durch die Art der Darstellung wird die Sinnlosigkeit eines solchen Tuns deutlich, das außer einem egoistischen, selbstzerstörerischen Rauscherlebnis nichts bietet, da durch die hohe Geschwindigkeit kein Kontakt mit der Umgebung möglich ist. Die Umgebung wird nur schemenhaft wahrgenommen und bleibt nicht im Gedächtnis haften ebenso wie die verfliegende Zeit. So bleibt der Fahrer passiv, von der „Maschine“ abhängig („erhebt es (!) den Fahrer ...“). Die abstrahierende Art der Darstellung („der Wagen“, „der Fahrer“, „die Landschaft“, „alles Nahe, Buschhafte, Blättrige, Bauschige“ ...) erlaubt eine Übertragung auf Allgemein-Menschliches.

Struktur und Sprache

Die Kürzestgeschichte ist genau durchkomponiert: Start – Fahrer (!) – Landschaft – Bauwerk – Menschen – Frau(!) – Ziel, wobei der Rennfahrer nirgends haltmacht und von dem „Wagen“, der „Maschine“ zu einer Fahrt von „Irgendwo“ nach „Nirgendwo“ getrieben wird.
Auch die Sprache ist äußerst konzentriert; ähnlich wie in einem Gedicht findet sich eine Vielzahl von Stilmitteln. Für den Wagen, die Fahrt werden hauptsächlich aggressive Verben wie „aufheult“, „herfällt“, „zwingen“, „verschlingen“, „zittern macht“, „rast“, „rauscht“ verwendet. Für alles Langsame, Statische finden sich dagegen fast veraltete, ungewöhnliche Wendungen, z. B. „währen“, „hausen“, „gemächlich“.

Im Satzbau wird eine Fülle von Stilmitteln, insbesondere Inversionen, Reihungen, Ellipsen, Parallelismen, Kreuzstellungen, Alliterationen, Anaphern, Klimax, Gegenüberstellungen, Einsatz des Konjunktivs verwendet.

Didaktisch-methodische Hinweise

Die Parabel ist einsetzbar am Ende einer Unterrichtseinheit über diese Erzählform oder über eine Einheit zum Thema Reisen oder Geschwindigkeit. Ein Vergleich mit Benns Gedicht „Reisen" bietet sich an. Allerdings wird sich der philosophische Gehalt nur älteren Schülern erschließen, die bereit sind, sich auf solche Texte einzulassen. Hilfe dazu kann eine differenzierte Sprach- und Strukturanalyse bieten.

Hinführung:

(Zeitungs) Berichte von Autorennen

Erarbeitung:

1. Rezitativer Vortrag durch den Lehrer
2. Der Text berichtet von der Fahrt eines Rennfahrers. Was erlebt er zwischen Start und Ziel?
3. Notiere alle Wahrnehmungen während der Fahrt des Rennfahrers in der Reihenfolge, wie sie im Text angeführt sind. Kannst du eine bestimmte Ordnung feststellen?
4. Betrachte den ersten Abschnitt näher. Wie wird der Start geschildert? Welche Eigenschaften hat die „Maschine"?
5. Welchen Sinn haben nach Meinung des Autors Autorennen? Stimmst du seiner Anschauung zu?

Vertiefung:

1. Woran kann man erkennen, daß sich die Schilderung nicht auf ein konkretes Autorennen und einen bestimmten Rennfahrer bezieht?

2.1 An welchen Erscheinungen übt der Autor Kritik?
2.2 Wie begründet er seine Kritik?
2.3 Kann man die Kritik auch auf andere Lebensbereiche übertragen?

3. Schreibe einen Gegentext mit dem Titel: Der Wanderer. Wodurch unterscheidet sich dessen Wahrnehmung von der des Rennfahrers? Was sind die Nachteile einer solchen Erlebniswelt?
4. Versuche den Text besonders eindringlich vorzutragen. Überlege dir auch, wie du deinen Vortrag durch Musik oder Geräusche untermalen könntest. Nimm deine Hörcollage auf Kassette auf.
5. Man könnte zu diesem Text auch einen Videoclip drehen. Überlege dir, welche filmischen Mittel wie Zeitraffer, Zeitblende, kurze oder lange Einstellungen, Schnittechnik, Schnittfolge, Bildgröße, ... du an welchen Stellen einsetzen würdest.

Vergleiche:

Gottfried Benn, Reisen
Ausschnitte aus dem Film: Koyaanisquatsi, Regie: Godfrey Reggio; Musik: Philip Glass, erhältlich an den Landesfilmbildstellen. In diesem Doku-Experimentalfilm, der eine Weissagung der Hopi-Indianer über die Zukunft der weißen Rasse verbildlicht, wird u. a. gezeigt, wie der Geschwindigkeitsrausch das Leben zerstören kann.

Günter Kunert Die Taucher

Inhalt und Gehalt

Zwei Bergungsteams suchen unabhängig voneinander und im Wettkampf miteinander in der Tiefe des Gelben Meers nach einem Wrack, in dem ein Tresor mit wertvollen Schätzen sein soll. Als die zwei Taucher nach längerem vergeblichem Suchen zufällig gleichzeitig das Schiff finden, kommt es zu einem Kampf, bei dem der eine getötet, der andere schwer verletzt wird. Der Verletzte findet schließlich den allerdings leeren Tresor, bevor er selbst seinen Verletzungen erliegt.
Die parabelhafte Erzählung mit moralischem Erzählduktus weist darauf hin, wie leicht der Mensch verrohen kann, wenn er nur die vage Aussicht auf einen schnellen Gewinn hat. Die Aussicht auf Reichtum läßt die beiden Bergungsmannschaften und insbesondere die beiden Taucher zu Feinden werden. Dabei wird die Stimmung immer angespannter, je länger die Suche nach dem vermeintlichen Schatz dauert. Wie Tiere kämpfen die beiden Taucher um die erwartete Beute, ohne Emotionen oder Unrechtsbewußtsein. Zu der Katastrophe kommt es deswegen, weil jeder alles haben will. Deswegen ist auch im Vorfeld ein Gespräch über eine Kosten und Zeit sparende Zusammenarbeit unmöglich.

Struktur und Sprache

Traditioneller Erzählaufbau, Parabelform.
Ein allwissender Erzähler berichtet in gehobenem Sprachstil und in traditioneller Erzählweise. An manchen Stellen, insbesondere vor der Schilderung des Kampfes („Nachdem sie das Wrack gefunden, war alles Mißlaunige, Bösartige, Geifernde und Eifernde von ihnen abgefallen. Beide hatten die Kühle des Wassers angenommen, die Ruhe der lauernden Rochen, die gelöste Bewegung der sacht schwingenden Seerose.“) und im letzten Abschnitt („Und der Rauch stieg. Und das Meer bewegte sich oberflächlich geräuschvoll. Und die Worte bewegten sich geräuschvoll. Aber die Herzen bewegten sich leiser und leiser, weil in ihren lichtlosen Kammern bereits die wahre Wahrheit dämmerte, von der noch keine Rede war.“) wird die Sprache pathetisch-lyrisch.

Didaktisch-methodische Hinweise

Die Spannung der Abenteuergeschichte wird durch die langsame Erzählweise konterkariert. Deswegen eignet sich der Text gut zum Selbsterlesen durch die Schüler, weil die Spannung auf den Ausgang den Lesefluß aufrechterhält, gleichzeitig aber die Erzählweise zum Nachdenken anregt.
Die Nachbesprechung sollte zur Übertragung des einmaligen Vorfalls auf allgemeine Probleme, wie zum Beispiel dem Verteilungskampf um Bodenschätze u. ä., führen.

Hinführung:

Die Schüler lesen den Text nur bis zum Zusammentreffen der beiden Taucher und erfinden dann einen eigenen Schluß.

Erarbeitung:

1. Wem gehört der Schatz?
2. Welches Recht haben die beiden Mannschaften, die beiden Taucher auf den Schatz?
3. Wie und warum läßt der Autor beide Taucher sterben?

4. Warum läßt der Autor John D. einen leeren Tresor finden?
5. Die Erzählung endet mit dem Tod der beiden Kontrahenten: An welchen Stellen im Text kann man schon vorher vermuten, daß es zu einer Katastrophe kommt?
6. Untersuche den Satzbau des letzten Abschnitts genauer! Betrachte dabei vor allem die Satzanfänge und die Satzlängen. Lies diesen Abschnitt laut und mit Betonung. Welche Wirkung wird durch die verschiedenen Satzkonstruktionen erzielt?
7. Warum verwendet der Autor im letzten Abschnitt immer wieder die gleichen Ausdrücke? Welche Wirkung erzielt er damit?

Vertiefung:

1. Die Erzählung handelt von einem einmaligen Ereignis. Gibt es Stellen im Text, die vermuten lassen, daß dieses Ereignis nur als Gleichnis für andere allgemeinere Gegebenheiten steht?

2.1 Suche möglichst viele Beispiele aus anderen Lebensbereichen, wo sich die Kernaussage des Textes bewahrheitet.

2.2 Welche Stellen im ersten Teil des Textes müßten geändert werden, wenn die Geschichte positiv ausgehen soll?

Peter Handke Der Schuhputzer von Split

Inhalt und Gehalt

Ein Reisender läßt sich von einem alten Schuhputzer in Split die Schuhe putzen, was dieser auf besonders sorgfältige und langsame Art und Weise erledigt. Der neue Glanz der Schuhe und die Bewunderung für bzw. Verwunderung über den Schuhputzer hält beim Reisenden lange an.
Der vielgereiste, gelangweilte Tourist, der eigentlich schon alles gesehen hat und meint, durch nichts mehr überrascht werden zu können (1. Satz), entdeckt einen Menschen, der offensichtlich in sich selbst ruht und seine Kraft aus der sorgfältig erledigten Arbeit schöpft. Diese Arbeit ruft Bewunderung hervor und hat Bestand.

Struktur und Sprache

Mit den Mitteln der Schilderung berichtet in einer Momentaufnahme ein Er-Erzähler aus der Sicht des Touristen das Ereignis. Dabei wird der Vorgang des Schuhputzens, wie für Handke typisch, minutiös beschrieben.

Didaktisch-methodische Hinweise

Handke läßt seinen Touristen von einem Menschen berichten, der voll in sich ruht, dem seine unbedeutende Arbeit fast zum Rausch wird (aus Ermangelung eines Kunden putzt sich der Alte zunächst selbst die Schuhe). Er sieht in ihm den Gegensatz zu dem westlichen, oberflächlichen Genießer. Wegen ihrer Handlungsarmut ist die Schilderung aber für Schüler schwer zugänglich, da sie die Bereitschaft zum Achten auf Details voraussetzt. Auf der anderen Seite ist sie ein gutes Beispiel für literarische Charakterstudien.

Erarbeitung:

1. Wo liegt Split? Was unterscheidet diese Stadt von dir bekannten Städten?
2. Warum ist der Reisende in Split?
3. Welche gesellschaftlichen Unterschiede bestehen zwischen ihm und dem Schuhputzer?
4. Wie führt der Schuhputzer seine Arbeit aus? Wie begegnet er dabei dem Reisenden?
5. Was fasziniert den Reisenden an dem Schuhputzer und seiner Arbeit?

Vertiefung:

1. Unterrichte dich in einem Lexikon über die Stilrichtung Impressionismus; kann man sagen, daß es sich bei dem Handkeschen Text um so etwas wie eine literarische Impression handelt? (Begründung!)
2. Warum machen die wenigsten Reisenden ähnliche Erfahrungen wie der Reisende in diesem Text?

Vergleichstext:

Günter Kunert, Rennfahrer, Erzählungen der Gegenwart IX, S. 50

Peter Maiwald Midas

Inhalt und Gehalt

Der Autor überträgt die griechische Sage von Midas, der Steine in Gold verwandeln konnte, auf die Jetztzeit. Dabei wird die allmähliche „Vergoldung" einer Stadt bis hin zu den Menschen selbst dargestellt.
Die massive Zivilisationskritik der Parabel erschließt sich im letzten Abschnitt, vor allem mit dem letzten Satz: „Wir sind Midas' Leute, und wo wir leben, heißt es, ist der Westen golden."

Struktur und Sprache

Die fortlaufende Erzählung schlägt im letzten Abschnitt vom scheinbar Positiven ins Negative um.
Ein Ich-Erzähler berichtet als Chronist und scheinbarer Sympathisant von Midas über die Geschehnisse.
Dabei werden wie im Märchen oder in einer Chronik sehr einfache, aber eindringliche Satzmuster verwendet, hauptsächlich Parataxen im Muster S – P – O. Midas handelt aktiv, während für die übrigen Bewohner der Stadt passive Wendungen bevorzugt werden. Zentrale Begriffe, deren semantischen Gehalt man klären muß, sind: begreifen und Gold.

Didaktisch-methodische Hinweise

Die ironische Grundfärbung des Textes ist für Schüler nicht immer leicht nachvollziehbar, zumal das Chronistendeutsch objektive Berichterstattung nahelegt.

Hinführung:

Cluster zum Thema Gold bzw. Schreibmeditation bzw. Assoziationskette: Gold ist .../ Werbesprüche der Schmuckindustrie

Erarbeitung:

1. Welche Charaktereigenschaften hat Midas, welche haben die Leute der Stadt?
2. Wie verändern sich die Menschen unter Midas' Einfluß?
3. Welche Folgen hat der Einzug Midas' in die Stadt?
4. Orientiere dich in einem Lexikon, Sagenbuch über die ursprüngliche Sage von Midas.

Vertiefung:

1. Das Verb „begreifen" hat zwei Bedeutungen;
1.1 In welcher wird es hier angewandt?
1.2 Ist die Geschichte auch sinnvoll, wenn man die übertragene Bedeutung von „begreifen" einsetzt? Mache dazu eine Einsatzprobe, indem du für „begreifen" andere Wörter des Wortfeldes Wissen, verstehen verwendest.
2. Das Wort „Gold" spielt eine zentrale Rolle im Text, es wird im ursprünglichen und im übertragenen Sinn gebraucht.
2.1 Schreibe alle Redewendungen heraus und erkläre ihre Bedeutung.
2.2 Suche weitere Redewendungen, Sprichwörter mit Gold.
2.3 Warum wird Gold so hoch eingeschätzt?
3. Untersuche die Adjektive und Partizipien des letzten Abschnitts genauer. Welche Assoziationen werden dadurch geweckt?
4. An welchen Textstellen kann man erkennen, daß der Text ironisch gemeint ist?

Vergleichstexte:

Peter Maiwald, Die Kampagne, Erzählungen der Gegenwart IX, S. 58
Günter Kunert, Die Taucher, Erzählungen der Gegenwart IX, S. 51
Jonesco, Die Nashörner
Gebrüder Grimm: Das Märchen vom Schlaraffenland
Weissagung der Cherokee: Erst wenn die Seen vergiftet, ...

Peter Maiwald Die Kampagne

Inhalt und Gehalt

In der Groteske wird das Sprichwort „Reden ist Silber, Schweigen ist Gold" ad absurdum geführt.
Am Anfang macht einer, der sich als Autorität fühlt und als Autorität angesehen wird, einen nur halbdurchdachten Vorschlag, dem sich aber alle ohne größeres Nachdenken unterordnen. Am Ende sind alle scheinbar froh, sich nichts mehr sagen zu müssen. („Nun, da wir uns nichts mehr zu sagen haben, leben wir friedlich und zufrieden.")

Struktur und Sprache

Als Stilmittel wird hauptsächlich die Kopplung von ähnlichen Begriffen verwendet, die aber nicht zusammengehören (z. B. „Allen Wortverdrehern und Redewendungen“).
Viele Begriffe finden sich auch in ursprünglicher und übertragener Bedeutung. Dabei werden auch Wortspiele eingesetzt. („Der Ärger mit den Schwerhörigen verringerte sich, und die Hörigkeit in der Liebe verlöre an Unglück.“) Interessant ist auch das Spiel mit Konjunktiv Irrealis und Indikativ im ersten Abschnit: Am Schluß einer Reihe von Konjunktiven steht als Quintessenz der Indikativ: „Die Vorteile der Wortlosigkeit sind offensichtlich.“
Während im ersten Abschnitt noch abwechslungsreiche Satzpassagen zu finden sind, beschränkt sich die Darstellung im weiteren auf einfachst gebaute Hauptsätze nach dem Muster S – P – O, die unverbunden aneinandergereiht werden.

Didaktisch-methodische Hinweise

Die Ironie des Textes ist für Schüler leicht erkennbar. Schwieriger wird es für sie, wenn sie herausfinden sollen, warum der Text erheiternd kritisch wirkt. Da der Text sehr kurz ist, eignet er sich für eine Wort-für-Wort-Analyse, bei der jede Aussage kritisch hinterfragt und damit das Zwischen-den-Zeilen-Lesen geübt wird.

Hinführung:

Im Sprichwort heißt es „Reden ist Silber, Schweigen ist Gold“. Stimmt das?

Erarbeitung:

1. Im ersten Satz wird behauptet: „Das ganze Unglück . . . kommt von den Worten.“
1.1 Zähle alle Nachteile auf, die der Erzähler anführt und ergänze.
1.2 Welche Vorteile bringt nach des Erzählers Bericht eine wortlose Welt?
2. Woran kann man erkennen, daß der Autor Peter Maiwald anderer Meinung ist als der fiktive Erzähler? Finde möglichst viele Texthinweise.
3.1 Orientiere dich im Duden oder einem anderen Sprachwerk über die Regeln der indirekten Rede.
3.2 Welche Regelverstöße stellst du beim Zitat der Worte des Stadtschreibers fest?
3.3 Welche Wirkung wird damit erzielt?
4. Bestimme die Verbformen im 1. Abschnitt. Welche Zeitformen werden verwendet, welche Wirkung hat der Wechsel der Zeitform im vorletzten Satz?

Vertiefung:

1. Im 2. Abschnitt werden die Pronomen „niemand“ und „keiner“ mehrmals wiederholt. Welche Wirkung wird damit erzielt?
2.1 Unterrichte dich über die Kennzeichen einer Satire.
2.2 Inwiefern erfüllt der Text diese Kennzeichen?
3. Ermittle das Aufbaumuster des Textes und schreibe nach diesem Muster eine Satire zu einem ähnlichen Problem.

Vergleichstext:

Peter Maiwald, Midas, Erzählungen der Gegenwart IX, S. 54 f.

Johann Peter Jürgen. Bernd

Inhalt und Gehalt

Die Erzählung „Jürgen. Bernd" berichtet von der Kameradschaft zweier unterschiedlicher Jungen, dem 10jährigen Jürgen, körperlich klein, gewandt und durchtrieben, und dem 12jährigen Bernd, sehr kräftig, pedantisch, von langsamer Auffassungsgabe, aber zuverlässig. Jürgen nützt die Freundschaft des biederen Bernd aus und macht sich über ihn lustig. Dies reizt ihn besonders, da sich Bernd durch kleine Bosheiten nicht aus der Ruhe bringen läßt. Einige Tage nach einem besonders miesen Streich von Jürgen unternehmen beide eine Bootsfahrt. Dabei gerät das Boot – wegen der Träumereien Jürgens oder weil Bernd Jürgen eine Lehre erteilen will – in die gefährliche Nähe eines Wehrs. Jürgen steht Todesängste aus; Bernd aber rettet sich und Jürgen aufgrund seiner körperlichen Überlegenheit aus dieser Situation. Die Freundschaft zwischen beiden ändert sich durch dieses Ereignis und geht allmählich zu Ende.
Die Erzählung lebt von den Gegensätzen der Figuren. Mit Bernd und Jürgen prallen zwei Charaktere aufeinander, die nur selten zu dauerhaften Freundschaften führen. Dem spontanen, sich gern auf Kosten von anderen amüsierenden Jürgen wird eine Lehre fürs Leben erteilt.

Struktur und Sprache

Die Geschichte, im Stil von Hebbelschen Kalendergeschichten geschrieben, beginnt mit der Charakteristik der beiden Freunde, wobei die Charaktereigenschaften durch Episoden aus dem Leben der beiden Jungen unterstrichen werden. Auch wenn zu Beginn der Erzählung Jürgen als besonders gewitzt geschildert wird, merkt man doch bald, daß die Vorliebe des Erzählers dem unbeholfenen, aber besonnenen, treuen Bernd gilt.
Die Erzählweise ist langsam und getragen. Durch Hinhaltetechnik (z. B. ausführliche Beschreibung des Tip-top-Spiels oder der Umgebung bei der Bootsfahrt) wird die Spannung gesteigert. Man hat als Leser den Eindruck, daß der Erzähler, der sich auch in der Figur Jürgens versteckt, Kindheitserinnerungen auffrischt. Insoweit hat die Geschichte viel mit der Erzählung von Hilde Spiel „Schulkindergeschichte" (Erzählungen der Gegenwart IX) gemeinsam.

Didaktisch-methodische Hinweise

Die leicht zu lesende Erzählung spielt wahrscheinlich in der Zeit der 50er Jahre („... betrieb Jürgen bereits einen schwunghaften Handel mit den Luckies aus Vaters Beständen"), berichtet also von einer für die meisten Schüler von heute vergangenen Lebenswelt. Der Zugang zur Geschichte muß deshalb im Unterricht gut vorbereitet werden, auch weil sie sich inhaltlich für Schüler am Ende der Sekundarstufe I wenig trägt; für 13–15jährige enthält sie zu wenig „action", älteren erscheint sie inhaltlich und sprachlich zu banal oder sie nicht betreffend.
Auf der anderen Seite läßt sich die Erzählung recht gut im Zusammenhang mit der Stilform Charakteristik einsetzen.

Hinführung:

Erkundige dich bei deinen Eltern nach Kinder- und Jugenderlebnissen: was haben sie gespielt, wo haben sie gespielt, welche Freunde hatten sie ...

Erarbeitung:

1. In der Geschichte spielen zwei Jungen die Hauptrolle.
1.1 Versuche sie zu vergleichen, indem du in folgender Tabelle ihre Eigenschaften ankreuzt. Du kannst dabei zwischen fünf Abstufungen wählen.

	2	1	0	1	2	
gewitzt						naiv
verträumt						relaistisch
klug						dumm
geschickt						unbeholfen
unordentlich						pedantisch
ängstlich						mutig
lebhaft						ruhig
flatterhaft						zuverlässig
hart						weich
heimtückisch						aufrichtig

...

1.2 Vergleiche deine Einordnungen mit denen deines Nachbarn. Wo stimmt ihr überein, wo gibt es Unterschiede?
1.3 Überlege, warum ihr (nicht) immer derselben Meinung seid.
2. Die Geschichte handelt von einer Freundschaft. Ist nun Bernd Jürgens Freund oder Jürgen Bernds Freund?
3. Lies die Abschnitte über die Bootsfahrt nochmal.
3.1 Handelt Bernd nach einem Plan, will er Jürgen eine Lehre erteilen?
3.2 Wie empfindet Jürgen das Geschehen?
3.3 Warum gehen sich nach diesem Ereignis die beiden aus dem Weg?

Vertiefung:

1. Auf wessen Seite steht der Erzähler? An welchen Aussagen im Text kannst du deine Meinung belegen? Achte dazu besonders auf die Eigenschaften, die der Erzähler jedem zuordnet.
2. Welchen der Jungen kennt der Erzähler besser, Jürgen oder Bernd?
3. Der Text ist im allgemeinen im Imperfekt geschrieben; an einer Stelle wechselt der Autor aber ins Präsens. Warum?
4. Stell dir vor, du solltest diese Geschichte verfilmen.
4.1 Welche Stellen würdest du weglassen, welche weiter ausbauen?
4.2 Wie würdest du den letzten Abschnitt der Erzählung ins Bild bringen?

Vergleichstexte:

Hilde Spiel, Schulkindergeschichte, Erzählungen der Gegenwart IX, S. 17 ff.
Sten Nadolny, Entdeckung der Langsamkeit, 1. Kapitel

Johann Peter Kaukaukau

Inhalt und Gehalt

Der 5jährige phantasiebegabte Herbert und seine Kameraden leben in einer Märchenwelt. Deswegen fasziniert sie ein altes, verwahrlostes Haus in der Straße; sie sehen darin ein Hexenhaus, von dem für die Kinder eine Bedrohung ausgeht, das Kinder fressen will. Trotz aller Ängste beschließt Herbert, das Haus näher zu untersuchen, und wagt sich in den Garten. Die Bewohnerin des Hauses, durch das Alter steif und ungeschickt geworden, bemerkt seinen Einbruch und seine Angst vor ihr, will sich deshalb ins Haus zurückziehen und stößt dabei einen Apfelkorb um. Herbert flüchtet in panischem Schrecken, brüstet sich dann aber vor seinen Kameraden mit seiner „Heldentat".
Diese banale Geschichte aus dem Kinderalltag erhält ihre Bedeutung, wenn man sich klarmacht, daß auch Erwachsenen Andersartigem mit Vorurteilen begegnen und aufgrund ihrer Einstellungen nur das sehen, was sie sehen wollen.

Struktur und Sprache

Durch die Beschreibung des Hauses als Kinder verschlingendes Ungeheuer und die verschiedenen Taktiken der Kinder, mit ihm fertig zu werden, wird der Leser zunächst in die Gedankenwelt der Kinder versetzt. Dabei erzählt der Autor konsequent aus der Sicht der Kinder, insbesondere von Herbert. Als der, in den Garten eingedrungen, die Besitzerin des Hauses bemerkt, wechselt die Erzählperspektive übergangslos auf diese über. Im letzten Abschnitt schreibt der Erzähler – jetzt allerdings ironisch-distanziert – wieder aus der angenommenen Sicht der Kinder.
Die sprachliche Gestaltung der Geschichte ist von einer altväterlich anmutenden Erzählweise geprägt, bei der sich der Autor um eine besonders bildhafte Sprache bemüht.

Didaktisch-methodische Hinweise

Anhand der Geschichte läßt sich die unterschiedliche Sichtweise von Erwachsenen und Kindern demonstrieren (wobei die realistische Erwachsenensicht fast aufdringlich positiv dargestellt wird). Die Erzählung eignet sich deshalb dazu, die Leser anzuregen, über eigene Entwicklungsabschnitte nachzudenken.

Hinführung:

1. Erinnert ihr euch noch an Erlebnisse, bevor ihr in die Schule gekommen seid?
2. Könnt ihr euch noch an Dinge, Ereignisse erinnern, wovor ihr euch damals besonders gefürchtet habt und die euch heute lächerlich erscheinen? Warum haben sie euch damals Angst eingejagt?

Erarbeitung:

1. Warum fürchten sich die Kinder vor dem kleinen Haus?
2. Zwischen dem, was die Kinder sehen, und der Wirklichkeit besteht ein großer Unterschied. Bilden sie sich nicht alles ein?
3. Die Geschichte hat eine merkwürdige Überschrift. Sie erinnert an einen in manchen Gegenden bekannten Kindervers: „Hexe, Hexe kaukaukau, ausgestoppter Wauwauwau, ich hau dir den Hintern blau."

3.1 Sammle noch andere Spottverse und Kinderreime.
3.2 Warum werden solche Spottverse gerufen?

Vertiefung:

1. In der Geschichte werden verschiedene Märchenmotive vermischt.
1.1 Aus welchen Märchen stammen die Anspielungen?
1.2 Kennst du noch andere Märchen, die von Ungeheuern und Menschenfressern handeln?
1.3 Hältst du es für richtig, kleinen Kindern solche Märchen zu erzählen?
2. Der Psychologe Bruno Bettelheim behauptet: „Kinder brauchen Märchen“. Sammle Argumente für bzw. gegen diese Ansicht.
3. Wie würde sich der Sinn der Geschichte ändern, wenn statt des Ausrufezeichens am Schluß der Geschichte ein anderes Satzzeichen stünde?
4. Im traditionellen Märchen sind bestimmte Figuren wie die Hexe in ihrem Aussehen und ihrem Charakter genau festgelegt. Warum wird in modernen Märchen diese Festlegung oft umgedreht?
5. Woran kann man erkennen, daß die Geschichte in der Vergangenheit spielt? Versuche sie so zu verändern, daß sie auf Kinder in der heutigen Zeit zutrifft.

Vergleichstexte:

Lutz Rathenow, Der Hampelmann
Adelheid Duvanel, Die Käferwohnung, beide in: Erzählungen der Gegenwart, IX, S. 3 ff.

•

Gabriele Wohmann Ja, das ist machbar

Inhalt und Gehalt

Die 16jährige Maxi wird von ihren Eltern auf Tennisstar getrimmt. Sie muß nicht nur sportliche Leistungen bringen, sondern auch das Verhalten bei Interviews und vor der Kamera einstudieren. Nach dem Willen ihres Vaters soll sie die Kopie der Weltranglistenersten werden. Den ehrgeizigen, elterlichen Zielen wird alles andere, z. B. auch Gesundheit und Privatleben, untergeordnet, denn – unabhängig von den persönlichen Eigenschaften, Interessen und Bedürfnissen Maxis – erscheint vor allem ihrem Vater „alles machbar“. Maxi ärgert sich über die elterliche Haltung, schämt sich der elterlichen Motive, die sie zu erkennen glaubt, leistet passiven Widerstand gegen die Vereinnahmung.
Ohne aufdringlichen moralischen Zeigefinger wird gezeigt, zu welchen Deformationen die Einstellung führen kann, alles sei machbar, und wie schwer es manchen Eltern fällt, die „das Beste für ihre Kinder“ wollen, die Eigenpersönlichkeit der Kinder wahrzunehmen.

Struktur und Sprache

Die Kurzgeschichte zeigt ohne Einleitung einen Ausschnitt aus einem Vormittag der dreiköpfigen Familie, bei der sich alles um die sportliche Karriere der Tochter dreht. Der Schluß bleibt offen.

Die Sympathie des Erzählers gilt Maxi, aus deren Sicht er berichtet und die übrigen Familienmitglieder beurteilt. Dabei werden die Eltern durch ihre Handlungen charakterisiert und entlarvt. Diese objektive Darstellungsweise der teilnehmenden Beobachtung wird gegen Schluß durch Gedankengänge Maxis unterbrochen.
Auffällig ist dabei, daß die Dialoge alle von den Eltern geführt werden, während Maxi „sprachlos" bleibt, nur innere Monologe führt.

Didaktisch-methodische Hinweise

Die Kurzgeschichte kommt den Schülern entgegen, nicht nur, was das Alter der Protagonistin betrifft. Auch der angesprochene Konflikt gehört zum Erfahrungsschatz fast jeden Heranwachsenden. Daß dieser Konflikt an einem Thema aus dem Sportbereich festgemacht ist, dürfte die Lesemotivation erhöhen. Allerdings ist die Charakterisierung der Situation recht klischeehaft und typisiert, die Personen werden in Schwarz-Weiß-Manier einander gegenübergestellt, so daß die Gefahr der Bestätigung von Vorurteilen besteht. Für Nichttennisprofis enthält die Erzählung recht viele Fachbegriffe.

Erarbeitung:

1. Die Geschichte handelt von einem Konflikt zwischen Maxi und ihren Eltern.
1.1 Aus welchem Anlaß entsteht der Konflikt?
1.2 Welche Ursachen hat der Konflikt?
1.3 Warum ist der Konflikt am Ende nicht gelöst?
1.4 Hältst du Maxis Vorgehen für richtig? Was hättest du an ihrer Stelle getan?
2. Maxi sieht das Verhalten ihrer Eltern sehr kritisch. Was kritisiert sie im einzelnen an ihrem Vater, was an ihrer Mutter?
3. Auf wessen Seite steht der Erzähler? Woran kann man das erkennen?

Vertiefung:

1. Untersuche die Dialoge.
1.1 Wer führt jeweils das Gespräch?
1.2 Wie reagieren die Angesprochenen?
2. Welches Bild zeichnet die Autorin von der Mutter? Inwiefern sind darin Klischeevorstellungen von der Hausfrauenrolle enthalten?

Vergleichstext:

Erich Loest, Haare, Erzählungen der Gegenwart IX, S. 21 ff.

Otto Heinrich Kühner Parkplatz auf Lebenszeit

Inhalt und Gehalt

Der namenlose Protagonist ergattert nach erzwungener viermonatiger Irrfahrt rund um die Welt eine Parklücke vor seinem Haus in Hamburg und benutzt von nun an öffentliche Verkehrsmittel, um den Parkplatz nicht wieder zu verlieren.
In der grotesken Übersteigerung eines alltäglichen Großstadtproblems wird die Absurdität unserer Autogesellschaft verdeutlicht.

Struktur und Sprache

Wie in der Groteske oft der Fall, entwickelt sich die absurde Situation unbemerkt aus einem ganz alltäglichen Ereignis, das überspitzt wird. Das Besondere an dieser Satire ist, daß sich der Protagonist nach seiner Irrfahrt so verhält, wie es dem Autor begrüßenswert erscheint. Die paradoxe Situation wird durch den Spott im letzten Abschnitt noch einmal betont. Die Unsinnigkeit des Verhaltens unterstreichen vor allem im Mittelteil Reihungen, Über- und Untertreibungen.

Didaktisch-methodische Hinweise

Der Sinn der Satire ist so augenfällig, daß die Interpretation keine Schwierigkeiten bereiten dürfte. Man kann den Text gut als Aufhänger verwenden, um eine Diskussion über die Notwendigkeit eines Privat-Pkws in einer Großstadt auszulösen. In diesem Zusammenhang sollte sich der Lehrer auch über Alternativen zum öffentlichen Verkehrsnetz kundig machen wie Car-Sharing, Mitfahrzentralen usw. Da die Machart der Satire sehr einfach ist, eignet sie sich auch gut als Vorbild für Umschreibeaufträge.

Erarbeitung:

1. Woran übt der Autor Kritik?
2. Mit welchen stilistischen Mitteln erreicht der Autor, daß uns das Verhalten des Autofahrers als lächerlich erscheint?
3. Unterrichte dich in einem geeigneten Nachschlagewerk über die Textart Satire. Weise deren Kennzeichen an diesem Text nach.

Vertiefung:

1. Wie ist diese Satire aufgebaut?
2. Schreibe selbst eine Satire, indem du dich an dieses Aufbaumuster hältst und einen Mißstand anprangerst (z. B. Schülerschlange in der Pause vor dem Brötchenstand).

Inhalt und Gehalt

Vor einer Fußgängerampel, die auf Rot steht, entwickelt sich zwischen einem jungen Mann, der die Straße trotzdem überqueren will, und den übrigen Wartenden ein Streitgespräch über Sinn und Unsinn von Vorschriften. Zum Schluß stellt sich heraus, daß die Ampel defekt ist und der junge Mann in diesem Fall recht hatte.

Struktur und Sprache

Die Geschichte entwickelt sich in Rede und Widerrede; dabei sind die Argumente auf beiden Seiten recht einfach aufgebaut. Die Auseinandersetzung steigert sich vom konkreten Fall ins Allgemeine, ohne daß eine Annäherung der Standpunkte erfolgte. Die Fronten verhärten sich vielmehr. Auch die Charaktere sind in Schwarz-Weiß-Manier angelegt: Jung, humorvoll, flexibel gegen alt, verbiestert und starr, wobei die Wortführer der Älteren auch noch Filzhut und Lodenmantel tragen. Die Sympathie des nach außen neutralen Erzählers liegt eindeutig beim jungen Protagonisten, dessen Meinung durch den „Holzhammerschluß" bestätigt wird. Das Beharren auf sämtlichen Klischees legt die Vermutung nahe, daß zwischen den Zeilen gelesen werden muß.

Didaktisch-methodische Hinweise

Der einfache Text – wie aus dem Leben gegriffen – bietet keine Verständnisschwierigkeiten. Schwieriger wird es sein, die Jugendlichen, die durch den Text zum großen Teil in ihrer Meinung bestätigt werden, dazu zu bringen, den Text mit kritischem Abstand zu lesen und die Vorurteile, die in ihm enthalten sind, herauszuarbeiten. Dazu eignet sich besonders das literarische Rollenspiel mit Personen- und Rollentausch und alternativen Gesprächsverläufen.

Vergleichstext:

Jürgen Becker, Geschäftsbesuch, Erzählungen der Gegenwart X, S. 43 f.

Erich Fried Begegnung mit einem schlechten Menschen

Inhalt und Gehalt

Jemand meint, einen schäbigen kleinen Betrug beobachtet zu haben und macht sich zum Richter, indem er die Person bloßstellt. Der Autor bedenkt das im Alltag oft praktizierte Recht, vermeintliches Fehlverhalten anderer zu richten. Er warnt, sich von Vorurteilen und Selbstdarstellung leiten zu lassen. Und er macht deutlich, wie kompliziert das Verhältnis zwischen Wahrheitsfindung und Achtung der Würde der Person sein kann.

Struktur und Sprache

In einem alltäglich denkbaren Geschehen entdeckt der Autor Gleichnishaftes. Im ersten Teil des Gleichnisses wird die Episode detailliert erzählt. Der Leser wird Zeuge eines vermeintlichen Betrugs (Sixpence) und der verurteilenden Einmischung des fremden Fahrgastes. Erzähler ist der richtende Fahrgast. Der Leser spürt, wie ihm der Erzähler die Schuld der Frau suggerieren will (Aussehen, Auftreten, Sprache, Mimik der Frau). Im 2. Teil des Gleichnisses stellt der Autor zwei divergierende moralische Positionen zur Diskussion, die des Erzählers und seines Freundes. Noch Jahre danach wirkt die Kritik des Freundes im Erzähler (die Schuld. . .trägst du selbst) und wird von ihm nicht ganz akzeptiert.

Didaktisch-methodische Hinweise

1. Der Autor erzählt von einer vermeintlichen Betrügerin. Notiere alle Hinweise im Text zu der Frau (Alter, Kleidung, soziales Milieu, Herkunft, Verhalten, Sprache, Mimik)! Beachte, wer sie so beschreibt!
2. Ein Fahrgast mischt sich richtend ein. Warum greift er ein und wie?
3. Am Schluß stellt der Autor zwei verschiedene moralische Auffassungen zur Diskussion.

3.1 Was sagt der Freund zum Verhalten des Erzählers?
Was an seiner Meinung überrascht dich?
Was hättest du als Freund gesagt?

3.2 Versteht der Erzähler den Rat seines Freundes? Vergleiche den Titel des Gleichnisses, seinen Anfang und Schluß!

4. Denke dich in die Lage der Frau ein! Wie könnte sie einer Freundin davon erzählt haben?

Erich Fried Präventivschlag

Inhalt und Gehalt

Abel kommt seinem Bruder Kain zuvor. Er tötet ihn und sucht danach, die Tat vor Gott zu rechtfertigen. Am Modell des alttestamentarischen Brudermordes denkt der Autor über Hintergrund und Konsequenzen angemaßter Richterrolle des Menschen nach. Er warnt davor, daß der Mensch nur den Kreislauf des Tötens reproduziere.

Struktur und Sprache

Als Gleichnis erzählt der Autor eine moderne Version des biblischen Themas (1. Mose 4). Mit dem Titel gibt er dem Leser die Orientierung, daß die Handlung umgekehrt verlaufen könne. Im ersten Teil erzählt das Gleichnis, daß Abel sich durch Kain gefährdet weiß (1. Satz), wie er sich in Tötungsbereitschaft steigert (jetzt muß es sein) und verwundert den Mord registriert (wie schnell das gegangen ist). Der zweite Teil formuliert die Moral: Abel kann seine Tat vor Gott nicht rechtfertigen. Gott erkennt ihn nicht. Der Autor erzählt im Rahmen des biblischen Grundmusters (Stellung der Brüder vor Gott, Gottes Warnung, Brudermord, Gottes Frage). Er zitiert am Anfang (Gottes Warnung an Kain) und am Schluß (Wo ist dein Bruder Abel?) das biblische Sprachmuster. Zugleich weitet der Autor diesen vorgegebenen Erzählrahmen aus, um den Konflikt psychologisch zu begründen. Und er bricht den traditionellen Erzählrahmen vorzeitig ab (1. Mose 4; nur bis Vers 9!). Das Gleichnis endet mit Abels Erkenntnis der Sinnlosigkeit seiner Tat (Opfer/Täter-Gesichterwechsel). Das Geschehen wird aus der Sicht Abels erzählt. Über Wortwahl (expressives Wortgut zur Charakteristik seines Bruders/Feindes) und Satzbau (Ausrufe- und Fragesätze, Auslassungen) macht der Autor dessen inneren Konflikt sichtbar.

Didaktisch-methodische Hinweise

Im Vergleich mit dem alttestamentarischen Text sollte der Schüler für Anliegen und Eigenart moderner Erzählversionen sensibilisiert werden. Ein Vortrag beider Texte könnte Einstieg in die Erschließung sein.

Erarbeitung:

1. Lies 1. Mose 4, Vers 3–16 und Frieds Gleichnis „Präventivschlag“ im Vergleich!
1.1 Wie charakterisiert das Buch Mose Kain und Abel?
1.2 Ist für Frieds Abel das Wissen „Mein eigener Bruder will mich töten“ eine Chance?
1.3 Wie läßt Fried Abel über Kain denken? Notiere alle Texthinweise (Wortwahl, Satzbau), die zeigen, wie er in sich ein Feindbild aufbaut!
1.4 Was ändert Fried am Dialog Kain (Abel) – Gott? Was bedeutet der Gesichterwechsel?
2. Warum nennt Fried dieses Gleichnis „Präventivschlag“? Kennst du geschichtliche und aktuelle Beispiele für Präventivschläge?

Vertiefung:

1. Schreibe eine Regie-Anweisung für eine szenische Darstellung des Gleichnisses!
1.1 Wie könnte Abel gekleidet sein? Welche Requisiten würdest du auswählen?
1.2 Wie würdest du den Gesichterwechsel darstellen?
1.3 Welche Hinweise würdest du zu Abels Sprechweise geben?

Siegfried Lenz Das serbische Mädchen

Inhalt und Gehalt

Das serbische Mädchen Dobrica macht sich auf eine abenteuerliche Reise nach Hamburg, um den Freund Achim zu finden. Dort erlebt es das Ende seiner ersten Liebe. Auf der gefahrvollen Rückfahrt gerät es unter falschem Verdacht in ein serbisches Gefängnis.
Der Autor erzählt von Fremden, in der Hoffnung, daß der Leser ihr Anderssein als Bereicherung begreift. Er läßt zwei Welten (Dobrica, ihre Familie/Freunde und Achim, seine Eltern/Freunde) kurzzeitig, schmerzhaft und enttäuschend aufeinandertreffen. Sie repräsentieren gegensätzliche Wertevorstellungen: Die Welt des serbischen Mädchens steht für tiefes Vertrauen in den Menschen, selbstverständliche Solidarität, Wärme und Geborgenheit; die Welt Achims steht für oberflächliche Freundlichkeit und Distanz.

Struktur und Sprache

Der Text ist als Erzählung in der Erzählung gestaltet. Im Auftaktrahmen entwirft ein Ich-Erzähler sein Programm: Er will bei seiner Heimkehr seiner Familie die bedrängenden Fragen beantworten: War Dobrica in Hamburg? Ist sie im Gefängnis? Sprachlich diskret deutet der Rahmen den Anlaß von Dobricas Reise und den Hintergrund ihrer Gelassenheit an: Sie ist schwanger. Im Mittelteil wird chronologisch geordnet, detailliert vom Ich-Erzähler Dobricas Reiseweg beschrieben. Der sensible, mitfühlende Erzähler (Bruder oder Schwester von Dobrica) durchspielt gedanklich, wie er der Familie und den Freunden Dobricas Irrfahrt begreifbar machen kann. Sein Nachdenken läßt ihn die Reife und Stärke des Mädchens erkennen.

Didaktisch-methodische Hinweise

Der Text ist ein Gesprächsangebot, Anderssein zu erkennen und zu verstehen und den Maßstab für den eigenen Wert zu finden.

Erarbeitung:

1. Welche Erfahrungen hast du im Umgang mit Menschen fremder Kulturen gemacht? Welche fremden Lebensgewohnheiten beeindrucken dich? Welche verstehst du nicht?
2. Der Autor erzählt vom Anfang und vom Ende einer Liebe zwischen dem serbischen Mädchen Dobrica und dem deutschen Touristen Achim.

2.1 Wie ist diese Liebe entstanden? Was bedeutet der zerbrochene Löffel?

2.2 Wie charakterisiert der Autor Dobrica? Beachte alle Texthinweise zu ihrem Alter, Aussehen, zur Planung der Reise, zur Begegnung mit Achim, zur Heimfahrt!

2.3 Der Autor deutet diskret an, daß Dobrica einen schweren Konflikt lösen muß. Was heißt „als sie merkte, was geschehen war, und ihren Entschluß gefaßt hatte. . .“ 1 (S. 26)? Vergleiche damit den Schlußsatz der Erzählung!

3. Der Erzähler will vermitteln: Er will der Familie und den Freunden begreifbar machen, warum sich Dobrica auf diese gefahrvolle Reise einließ. Was sagt er: Wie sah die Familie Dobrica vor der Reise? Was weiß er: Wie hat sich Dobrica durch die Reise verändert?

Vergleich: Der Film „Das serbische Mädchen“/Landesbildstelle

Johanna Walser Eindringlinge

Inhalt und Gehalt

Die 15jährige L., Tochter der Hausverwalter einer Ferienvilla, ist allein auf dem Grundstück, als plötzlich vier unbekannte Gäste in den Garten eindringen, sich als Freunde der Hauseigentümer vorstellen und Bedienung verlangen. L. weiß nicht, was sie tun soll, und fühlt sich der Situation hilflos ausgeliefert, zumal einer der männlichen Gäste leicht zudringlich wird.
Die Kurzgeschichte gibt einen skizzenhaften Einblick in gesellschaftliche Kreise, wo Geld und Besitz die Stellung des Menschen bestimmen, und kritisiert indirekt am Beispiel der arroganten Besucher die weitverbreitete Freude, Hilflose zu demütigen.

Struktur und Sprache

Im Protokollstil berichtet ein scheinbar neutraler Erzähler über die Ereignisse. Trotz der äußeren Unparteilichkeit des Erzählers fühlt der Leser aber immer wieder seine Sympathie für L. und ihre Angehörigen, seine Antipathie gegenüber der „Schicki-Micki-Herrschaft".
Der Eindruck einer sachlichen Berichterstattung wird durch die häufige Verwendung der indirekten Rede, wenn es um Überlegungen von L. geht, unterstrichen. Außerdem trägt dazu der einfache Satzbau im Muster S – P – O bei.

Didaktisch-methodische Hinweise

Der Text stammt aus einer Erzählsammlung mit dem Titel „Vor dem Leben stehend". Auch L., zwischen Kind- und Erwachsenenalter, weiß nicht so genau, wo ihr Platz ist. Ihre Befindlichkeit entspricht der vieler Jugendlicher, von denen plötzlich verantwortliche Entscheidungen verlangt werden. Da aber Jugendliche in diesem Alter nach außen hin „cool" und überlegen wirken wollen, identifizieren sie sich nicht unbedingt mit L. Vor allem Jungen bewundern eher den Anführer der „Eindringlinge". Ziel einer Besprechung im Unterricht sollte sein, zu größerem gegenseitigen Verständnis hinzuleiten.

Erarbeitung:

1. Der geruhsame Nachmittag, auf den sich L. gefreut hat, wird gestört.
1.1 Warum empfindet L. die Gäste als Eindringlinge?
1.2 In welchen Zwiespalt gerät sie durch deren Erscheinen?
2.1 Wie benehmen sich die unerwünschten Gäste?
2.2 Warum meinen sie, sich L. gegenüber so verhalten zu können?
2.3 Fordert L. mit ihrem Verhalten dieses Benehmen heraus?
2.4 Wie würdest du dich in L.s Lage verhalten?
3. Auf wessen Seite steht der Erzähler? Finde dafür möglichst viele Stellen im Text.

Vertiefung:

1. Im Text wird häufig der Konjunktiv verwendet
1.1 Untersuche, an welchen Stellen dies der Fall ist.
1.2 Welche Wirkung wird damit erzielt?
2. Stell dir vor, L. wäre kein Mädchen, sondern ein Junge. Wie würde dann die Geschichte ablaufen?

Jürgen Becker Geschäftsbesuch

Inhalt und Gehalt

Johann, der seine Identifikationskarte vergessen hat, versucht den Pförtner davon zu überzeugen, doch zu seinem Büro zu dürfen.
In der Satire wird Kritik an einer Haltung geübt, die Vorschriften wichtiger nimmt als der Situation angemessenes Verhalten. Die Lösung am Schluß zeigt die sinnlose Zeitvergeudung durch starres Beharren auf Vorschriften. Der Text behandelt damit das gleiche Thema wie Otto Heinrich Kühner, „Verkehrsordnung ohne Verkehr". Auch in der Intention und in der Form stimmen beide Texte überein.

Struktur und Sprache

In Form eines fingierten Gesprächs entwickelt sich eine (Real)Satire, die im Aufbau an Valentins „Buchbinder Wanninger" erinnert. Auffällig ist dabei, daß Johann dem Pförtner gegenüber fast immer nur „seufzt", obwohl er nach den Andeutungen im Gespräch in der Firma keine untergeordnete Funktion wahrnimmt (eigenes Büro, wartende Besucher). Haltung und Benehmen des Pförtners erinnern an die des Pförtners in Kafkas Parabel: „Vor dem Gericht".

Didaktisch-methodische Hinweise

Der kurze Text ist leicht zu lesen, bietet also trotz der Ironie wenig Verständnisschwierigkeiten. Er eignet sich vorzüglich zum lesenden Erschließen.

Erarbeitung:

1.1 Lies den Text für dich, und kennzeichne die Anteile der beiden Gesprächspartner farbig.
1.2 Überlege, wie die beiden Gesprächspartner miteinander sprechen. Beachte dazu die verwendeten Verben des Wortfeldes „sagen".
1.3 Tragt das Gespräch mit verteilten Rollen laut vor.
2.1 Welche Position in der Firma hat der Pförtner, welche Johann?
2.2 Zeigt sich dieses Verhältnis auch in dem Gespräch? Warum sind die Rollen vertauscht?
2.3 Könnte das Gespräch auch einen anderen Verlauf nehmen? Probiert im Rollenspiel aus, ob und wie sich der Gesprächsverlauf ändert, wenn Johann selbstbewußt, selbstsicher, aggressiv auftritt.

Vertiefung:

1. Sucht nach ähnlichen Situationen im Alltag und probiert aus, welches Auftreten angemessen ist.
2. Der Pförtner handelt strikt nach Anweisungen, Johann plädiert für ein flexibles Vorgehen. Stelle möglichst viele Argumente zusammen, die für die eine oder die andere Seite sprechen.
3. Der Pförtner ist von seinem Vorgehen überzeugt; er ist grundsätzlich auch im Recht. Johann will ihn dazu bringen, die Angelegenheit von einem anderen Blickwinkel aus zu sehen. In der Rhetorik kennt man dazu die „Ja-aber-Technik", bei der man dem Gesprächspartner zunächst recht gibt, dann aber ein Argument anführt, das dessen Stand-

punkt relativiert.
3.1 Welche Vorteile bietet eine solche Gesprächstechnik?
3.2 In welchen Situationen ist sie besonders angebracht?
3.3 Übt diese Technik, indem ihr Thesen nach folgendem Muster entkräftet: Kontrolle ist für die Aufrechterhaltung einer bestimmten Ordnung unbedingt notwendig, aber zu starres Festhalten an Vorschriften unterdrückt situationsangemessenes Verhalten.
4. Lies zum Vergleich den Text: Verkehrsordnung ohne Verkehr, S. 19.
4.1 Worin stimmen die beiden Texte überein?
4.2 Worin unterscheiden sie sich?
4.3 Welchen der Texte findest du literarisch gelungener? Warum?

Vergleichstexte:

Otto Heinrich Kühner, Verkehrsordnung ohne Verkehr, Erzählungen der Gegenwart X, S. 19–22
Franz Kafka, Vor dem Gesetz
Karl Valentin, Buchbinder Wanninger
Felix Mitterer, Sprachtest, in: Computer in Sprache und Literatur, Cornelsen Verlag

Jürgen Becker Unterwegs

Inhalt und Gehalt

Der namenlose Protagonist der Parabel weiß auf einer Treppe plötzlich nicht, ob er nach oben oder unten gehen soll, weil die Entscheidung im Grunde keine unterschiedlichen Folgen hat. Er reflektiert die Möglichkeit, statt der Treppe den Aufzug zu benutzen, kommt aber im letzten zu dem Ergebnis, daß dadurch vielleicht mehr Abwechslung, aber keine grundlegende Veränderung der Situation eintritt. Die Möglichkeit, durch mehr Menschen vom Wesentlichen abgelenkt zu werden, sieht er als Grund, die „Häuser zu wechseln", wobei die Wendung „immer" und der Plural „Häuser" die Vermutung nahelegen, daß ein solcher Wechsel schon oft erfolgt ist, in Zukunft auch immer wieder erfolgen wird, ohne das Problem zu lösen.

Struktur und Sprache

Der Erzähler berichtet zwar scheinbar sachlich und unbeteiligt über einen „er"; da er jedoch die inneren Gedankengänge dieses Namenlosen in Form von Selbstgesprächen wiedergibt und dauernd zwischen ich und er wechselt, kann der Leser schließen, daß „er" und Erzähler ein- und dieselbe Person sind. Je länger „er" über die Situation nachdenkt, desto verwirrter wird er. Die zunehmende Verwirrtheit, Gehetztheit spiegelt sich auch im Satzbau wider, der zum Schluß nur noch aus Bruchstücken besteht.

Didaktisch-methodische Hinweise

Die Parabel stellt wegen ihres absurden Gehalts große Anforderungen vor allem an den jugendlichen Leser, da logische Gedankengänge immer wieder unterbrochen, Aussagen konterkariert, scheinlogische Folgerungen gezogen werden. Die pessimistische Grundaussage des Textes kann reifere Jugendliche zum einen anregen, über sinnlosen Aktionismus nachzudenken, sie kann aber auch dazu dienen, eine im Jugendalter häufig vorkommende Sinnkrise zu bestätigen und zu verfestigen. Deswegen erscheint eine genaue Auseinandersetzung mit dem Text erforderlich; dies auch, weil er für eine literarische Richtung Ende der 70er, Anfang der 80er Jahre typisch ist.

Vor der Lektüre:

Die Schüler erstellen entweder in Einzel- oder Gruppenarbeit ein Cluster zum Thema „Scheideweg". Dazu wird in die Mitte eines leeren Blattes das Themenwort geschrieben und umkreist. Jede Assoziation, die von diesem Wort ausgeht, wird in einen eigenen Kreis geschrieben und mit dem Ausgangswort verbunden. Von diesen Assoziationen gehen dann weitere Assoziationen aus. Zum Schluß werden die einzelnen Assoziationen miteinander verglichen, miteinander verknüpft, wird über ihre Bedeutung gesprochen. Eine andere Möglichkeit sind Assoziationsketten mit dem Anfangswort „Leben" oder Metaphernübungen zu „Leben ist für mich ...". Die beiden letzten Übungen eignen sich auch zum Abschluß der Textarbeit.

Nach der Lektüre:

1. Der Text ist mit „Unterwegs" überschrieben. Stelle möglichst viele W-Fragen mit unterwegs zusammen (z. B.: Wer ist unterwegs? Wo ist er unterwegs?), und versuche diese aus dem Text zu beantworten.

2.1 Wo befindet sich der Protagonist der Geschichte?

2.2 Vor welche Entscheidung fühlt er sich gestellt?

2.3 Warum bereitet ihm diese Entscheidung Schwierigkeiten?

3.1 Über welche Auswege aus der Situation denkt er nach?

3.2 Ändern diese Auswege etwas an seiner Situation? Belege deine Meinung mit entsprechenden Textstellen.

4. Man kann den „er" der Geschichte als verwirrt bezeichnen.

4.1 Welche inhaltlichen Aussagen weisen darauf hin?

4.2 Finde sprachliche Hinweise, daß sich die Verwirrtheit des Helden mit dem Fortlauf der Geschichte steigert.

Vertiefung:

1. Die Geschichte ist eine Parabel.

1.1 Unterrichte dich in einem Nachschlagewerk über die Merkmale einer Parabel.

1.2 Kennst du andere Parabeln und ihre Bedeutung?

1.3 Versuche diese Parabel auf eine allgemeine Ebene zu übertragen.

2. In dem Text gibt es Hinweise, daß die Aussage sich nicht auf ein konkretes Ereignis bezieht, sondern daß der Autor allgemeine Erfahrungen darstellt. Welche Wendungen geben dem Leser Interpretationshilfen?

3.1 Von welcher Grundeinstellung geht der Text aus?

3.2 Teilst du diese Einstellung?

Vergleichstexte:

Günter Kunert, Rennfahrer, Erzählungen der Gegenwart IX, S. 50
Gottfried Benn, Reisen
Franz Kafka, Kleine Fabel

Herbert Rosendorfer, Prof. Munk, Sonntagskind

Inhalt und Gehalt

Prof. Munk fährt, auf der Suche nach einer lukrativen Chefarztstelle, in das Herkunftsgebiet seiner Vorfahren, den Schwarzwald. Dort hat er eine merkwürdige Begegnung mit einem Waldgeist, dem Schatzhauser, der ihm später drei Wünsche erfüllt. Der Autor reflektiert den Zusammenhang zwischen der Alltagsnormalität unseres Lebens und der Zerstörung unserer natürlichen Umwelt. Er stellt der sterbenden Natur einen wissenden, aber handlungsunfähigen Menschen gegenüber. So zeigt er, daß bereits „normale Wünsche" in unserer aus den Fugen geratenen Welt zerstörerisch wirken. Der Leser spürt den Zweifel des Autors, daß der Mensch noch imstande sei, seinen Lebensstil grundlegend zu ändern.

Struktur und Sprache

Die Erzählung adaptiert das Hauffsche Kunstmärchen „Das kalte Herz". Sie hat eine reale und eine märchenhaft-phantastische Handlungsebene. Der Autor zitiert wichtige Märchenelemente (Motiv des Sonntagskindes, Motiv der drei Wünsche, Figur des Schatzhausers, Motiv des kalten Herzens) und interpretiert sie aus heutiger Sicht. Sein Schatzhauser verabschiedet sich von der Welt mit einer apokalyptischen Vision und dem Urteil, daß der Mensch „Ungeziefer" sei. Seine Peter-Adaption, Prof. Munk, lebt bis zum Schluß mit einem „kalten" Herzen. Dabei verknüpft der Erzähler moderne Sprache mit dem Sprachmuster des adaptierten Märchens.

Didaktisch-methodische Hinweise

Der Vergleich mit Hauffs Märchen „Das kalte Herz" kann das Erlesen wesentlich unterstützen.

Erarbeitung:

1. Die Erzählung hat eine reale und eine märchenhaft-phantastische Handlungsebene. Ordne die Hinweise des Textes diesen Ebenen zu!
2. Wie charakterisiert der Autor die Hauptfigur, Prof. Munk? Was sagt der Text darüber, was diesem im Beruf, in der Familie, im Leben überhaupt wichtig ist?
3. Wie charakterisiert der Autor die Figur des Schatzhausers?

3.1 Was ist an ihrem Aussehen und ihren Fähigkeiten phantastisch?

3.2 Was empfindest du als ganz real an der Figur?

4. Informiere dich in einem Nachschlagewerk zur Gattung Kunstmärchen.

Vertiefung:

1. Lies die Dialoge Peter – Schatzhauser in Hauffs Märchen „Das kalte Herz" und den Dialog Prof. Munk – Schatzhauser!

1.1 Welche Gemeinsamkeiten und welche Unterschiede stellst du fest?

1.2 Wie sind die Unterschiede zu erklären?

2. Gibt es Hinweise im Text, daß auch Prof. Munk ein „kaltes Herz" hat?
3. Der Autor überträgt ein Märchen auf die Jetztzeit und übt damit gleichzeitig Kritik. Versuche selbst, ein Märchen, das du kennst, nach diesem Muster umzuschreiben!

Wolfgang Bächler Stadtbesetzung

Inhalt und Gehalt

Ein Stück Zivilisation, eine Stadt, wird von der Natur zurückgeholt. Der Autor gestaltet Zukunftsängste in einer Horrorvision. Er läßt die durch den Menschen geschundene Natur mit menschlichen (hier: militärischen) Mitteln zurückschlagen. In dieser Situation scheint der Mensch ein unerhebliches Objekt geworden zu sein.

Struktur und Sprache

Der Autor setzt beim Leser Wissen über den Grad der Zerstörung der Natur und deren Ursachen voraus. Er kann deshalb aussparen, wie es zu der gestalteten paradoxen Situation gekommen ist. Doch der Autor rechnet noch mit der Aktivierungsmöglichkeit des Lesers (im Gegensatz zu Rosendorfer, Prof. Munk, Sonntagskind). Er entläßt ihn am Schluß mit der Warnung „verdrängen Verdrängte ihre Verdränger“. Ein anonymer Erzähler berichtet lakonisch, in der Art traditioneller Kriegsberichterstattung, von der erfolgreichen Aktion der Stadtbesetzung. Chronologisch geordnet benennt er die Phasen des Kampfes. Der Leser spürt an der Wortwahl des Erzählers seine Faszination durch die Kriegführung des „Siegers“.

Didaktisch-methodische Hinweise

Erarbeitung:

1. In Deutschland werden regelmäßig Berichte über den Waldzustand erarbeitet.
1.1 Wie gesund sind unsere Wälder?
1.2 Was werden deine Enkel denken, wenn sie das Wort „Wald“ hören oder lesen?
2. Die Natur im Text hat vom Menschen „gelernt“. Wie wehrt sie sich?
3. Wo ist der Mensch im Text? Notiere alle Hinweise auf menschliches Leben und menschliche Tätigkeit!
4. Ein Erzähler beobachtet interessiert das Geschehen.
4.1 Warum sagt er nichts zu den Ursachen, die zur Stadtbesetzung führen?
4.2 Er spricht wie ein Kriegsberichterstatter. Welche Verben und Substantive verwendet er? Welche Funktion hat das Präsens?
4.3 Was bedeuten seine Schlußworte „verdrängen Verdrängte ihre Verdränger“? Was will der Autor mit der Wortwiederholung bewirken?

Vertiefung:

1. Fertige eine Collage zum Thema „Stadtbesetzung“ an! Vielleicht ist der Text die Wiedergabe eines Alptraumes.
2. Würdest du einen solchen Traum erzählen, wie würden deine Zuhörer (Eltern/Freunde) reagieren?
3. Stell dir vor, du bist in der Stadt eingeschlossen. Schreibe einen Tagebuchbericht über die Ereignisse.

Vergleichstext:

Sarah Kirsch, Bäume
Der Film „Kahlschlag“ / Landesbildstelle

Thomas Bernhard Guter Rat (1) / Umgekehrt (2)

Inhalt und Gehalt

In beiden Anekdoten provoziert der Autor den Leser, der von sich und der Welt ein zu sicheres, zu fest geordnetes Bild hat. Dem setzt der Autor unerwartete und paradoxe Folgen menschlichen Verhaltens entgegen. Er entläßt den Leser mit dem Bild einer absurd erscheinenden Welt.

Struktur und Sprache

Beide Texte sind streng auf die Pointe hin erzählt. In beiden Anekdoten wird belangloses alltägliches Tun (Jemand gibt einem Kollegen einen Reisetip; jemand füttert im Zoo Affen.) zum Ausgangspunkt paradoxer Wirkungen:

(1) „Der Ausflügler" knüpft zwischen zufälligen Vorgängen (sein Tip und der Tod des Kollegen bei einem Schiffsunglück) ursächliche Beziehungen und sieht sich schuldig.

(2) Der Theologieprofessor und sein Freund werden von den Affen gefüttert, die sie vorher beobachteten und fütterten.

In beiden Anekdoten vermögen die Figuren nicht, mit dem paradoxen Schockerlebnis fertig zu werden.

(1) „Der Ausflügler" findet jahrelang keine Ruhe vor seiner Schuld, er bittet – paradoxerweise – Fremde um einen Rat.

(2) Die Zoobesucher können nicht befreit auflachen, sie rennen sprachlos davon.

Auch die Erzähler beider Anekdoten stehen im Banne des paradoxen Geschehens. Der verschachtelte, schraubenartige Satzbau reflektiert das.

Didaktisch-methodische Hinweise

1. Lies beide Anekdoten! Was macht dir Mühe beim Lesen und warum?
2. In beiden Anekdoten stehen Figuren (der Ausflügler, der Theologieprofessor) wie unter Schock.

2.1 Was hat sie geschockt?

2.2 Warum können sie nicht sachlich urteilen oder befreit lachen?

3. Wie erzählt der Autor das Geschehen? Welche Struktur haben beide Anekdoten? Informiere dich dazu in einem Nachschlagewerk über die Anekdote.

Hartmut Lange Das Riemeisterfenn

Inhalt und Gehalt

Einer hat den Wunsch nach einem Ausgang aus der Welt. Er zeigt seinem Freund bei einem gemeinsamen Spaziergang die Stelle, die aus der Welt herausführe. Vor den Augen des Freundes verschwindet er. Der Autor gestaltet an einer Situation, die zur Katastrophe führt, das komplizierte Wechselspiel von Rationalem und Irrationalem. Ein Mann, der logisch denkt, spricht und handelt (Schachspiel/überlegte Handgriffe), verfällt, für seinen Freund unfaßbar, in mystische Wachträume und Aktionen. Das macht den erzählenden Freund hilflos zum Zuschauer einer Katastrophe.

Struktur und Sprache

Die chronologisch aufgebaute Erzählung hat einen Rahmen. Im Auftaktrahmen wird der Wunsch formuliert: „Ich suche ernsthaft nach einem Ausgang aus der Welt“. Im Schlußteil des Rahmens wird dieser Wunsch vom Erzähler kommentiert: „Er hatte immer die Phantasie und den Willen, an den geheimnisvollen Unterschied zwischen sich und der Welt zu rühren.“ Dazwischen wird detailliert erzählt, wie sich während des ruhigen Abendspazierganges die Katastrophe dramatisch entwickelt. Der Wunsch „ich suche einen Ausgang“ gestaltet leitmotivisch den Text („Loch aus der Welt“, „Welt eine Falle“, „Ausgang aus der Welt“). Ein Ich-Erzähler gibt das ihm unfaßbare Geschehen bemüht objektiv (wörtliche Rede) und – mit Ausnahme des Schlußsatzes – unkommentiert wieder.

Didaktisch-methodische Hinweise

Der philosophisch und psychologisch begründete Text stellt an das Erlesen hohe Ansprüche. Ein rezitativer Lehrervortrag des Textes sollte das dargestellt Zwiespältige in menschlichem Denken und Handeln über Sprache erlebbar machen.

Erarbeitung:

1. Wie ist die Erzählung aufgebaut?
1.1 Lies den Anfang bis „nach einem Ausgang aus der Welt“. Überlege, wie könnte die Geschichte weitergehen.
1.2 Es wird ein Abendspaziergang beschrieben. Was passiert? Notiere alle Hinweise auf leicht verständliches und schwer verständliches Geschehen!
2. Wie charakterisiert der Autor den Toten?
2.1 Notiere Textbelege zu seiner Person!
2.2 Hätte der Ich-Erzähler die Katastrophe nicht verhindern können?
3. Welche Bedeutung haben die sprachlichen Bilder „Ausgang aus der Welt“, „Loch aus der Welt“, „die Welt ist eine Falle“ für die Katastrophe? Was assoziierst du, wenn du diese Bilder mit Geschichten über das Bermuda-Dreieck in Verbindung setzt?

Vertiefung:

1. Formuliere die Textinformation für einen anderen Zweck um! Wie würde sich ein Zeitungsbericht oder ein Kommentar lesen?

Vergleichstext:

Franz Kafka, Kleine Fabel

Literaturverzeichnis zur Kurzgeschichte

Bender, Hans
Ortsbestimmung der Kurzgeschichte, Akzente 1962/63, Zeitschrift für Dichtung. Carl Hanser Verlag, München.
Der Deutschunterricht, 1957/1, 1958/6, Die Kurzgeschichte im Unterricht I, II. Ernst Klett Verlag, Stuttgart.

Doderer, Klaus
Die Kurzgeschichte in Deutschland, ihre Form und ihre Entwicklung. Diss. Marburg. Metopen-Verlag, Wiesbaden 1953.

Doderer, Klaus
Die Kurzgeschichte als literarische Form, Wirkendes Wort, 8. Jg., 1957/58. Päd. Verlag Schwann, Düsseldorf.

Doderer, Klaus
Literaturdidaktische Bemerkungen zur Kurzgeschichte, in: Moderne Dichtung im Unterricht. Hrsg. v. H. Helmers. Georg Westermann Verlag, Braunschweig [2]1972.

Durzak, Manfred
Die deutsche Kurzgeschichte der Gegenwart. Autorenporträts, Werkstattgespräche, Interpretationen, Reclam Verlag, Stuttgart 1980.

Ebing, H. A.
Die deutsche Kurzgeschichte, Wurzel und Wesen einer neuen literarischen Kurzform. Diss. Münster 1936.

Essen, Erika
Nachwort, in: Moderne deutsche Kurzgeschichten, Reihe: Sein und Sagen, Heft 1, Hirschgraben-Verlag, Frankfurt am Main [7]1970.

Förster, Jürgen
Kurzprosa als Spiegel der Wirklichkeit. Didaktische Analysen und Reflexionen von Texten von Aichinger, Bichsel, Musil, Meckel, Böll und Biermann. E. Keimer Verlag, Bad Honnef 1981.

Friedrichs, Reiner
Unterrichtsmodelle moderner Kurzgeschichten. Harms pädagogische Reihe, Bd. 63. Paul List Verlag, München 1972.

Hajek, Siegfried
Die moderne Kurzgeschichte im Unterricht, Franz Kafka, Der Nachbar. Der Deutschunterricht, 1955, 7. Jg. Ernst Klett Verlag, Stuttgart.

Helmich, Wilhelm
Wege zur Prosadichtung des 20. Jahrhunderts. Georg Westermann Verlag, Braunschweig 1960.

Höllerer, Walter
Die kurze Form der Prosa, Akzente 1962/63, Zeitschrift für Dichtung. Carl Hanser Verlag, München.
Interpretation moderner Kurzgeschichten, Hrsg. v. der Fachgruppe Deutsch-Geschichte im Bayer. Philologenverband. Moritz Diesterweg Verlag, Frankfurt am Main [9]1970.

Kilchenmann, Ruth J.
Die Kurzgeschichte – Formen und Entwicklung. Sprache und Literatur. Bd. 37. W. Kohlhammer Verlag, Stuttgart [3]1971.

Klein, Johannes
Reallexikon der dt. Lit.-Gesch., Hrsg. v. W. Kohlschmidt u. W. Mohr, Kurzgeschichte (Stichwort), Bad. 1. Walter de Gruyter u. Co., Berlin [2]1958.

Kopplin, Wolfgang
Kontrapunkte. Kontrovers-Interpretationen zur modernen deutschsprachigen Kurzprosa. Bange-Verlag, Hollfeld 1976.

Kritsch-Neuse, Erna
Die deutsche Kurzgeschichte / Formexperiment der Moderne. Bouvier Verlag, Bonn 1980.
Lexikon der Weltliteratur im 20. Jh., Kurzgeschichte (Stichwort), Bd. II, Sp. 93–97, Herder Verlag, Freiburg/Basel/Wien 1961.

Marx, Leonie
Die deutsche Kurzgeschichte. Metzler Verlag, Stuttgart 1985.

Moritz, Karl (Hrsg.)
Novelle und Kurzgeschichte. Texte zu ihrer Entwicklung und Theorie. Reihe: Sein und Sagen, Heft 15. Hirschgraben-Verlag, Frankfurt am Main [3]1972.

Nentwig, Paul
Dichtung im Unterricht – Grundlegung und Methode. Georg Westermann Verlag, Braunschweig 1960.

Pongs, Hermann
Das kleine Lexikon der Weltliteratur, Kurzgeschichte (Stichwort). Union-Verlag, Stuttgart [6]1967.

Rohner, Ludwig
Theorie der Kurzgeschichte. Athenäum-Verlag, Frankfurt am Main 1973.

Schnurre, Wolfdietrich
Kritik und Waffe. Zur Problematik der Kurzgeschichte. Deutsche Rundschau 1961/1. Verlag Deutsche Rundschau, Baden-Baden.

Wilpert, Gero v.
Sachwörterbuch der Literatur, Kurzgeschichte (Stichwort). Alfred Kröner Verlag, Stuttgart.

Zimmermann, Werner
Deutsche Prosadichtungen der Gegenwart, Interpretationen für Lehrende u. Lernende, Teil I, Düsseldorf [3]1960, Teil II, Düsseldorf [6]1960, Teil III, Düsseldorf 1960, Päd. Verlag Schwann, Düsseldorf.

Zimmermann, Werner
Deutsche Prosadichtungen als Gestaltganzes, dargestellt an einer Kurzgeschichte von W. Borchert. Wirkendes Wort, 1954/55, 5. Jg. Päd. Verlag Schwann, Düsseldorf.

Klassische Schullektüre

Herausgeber: Dr. Ekkehart Mittelberg

Georg Büchner,
Dantons Tod
Bearbeitet von Klaus Peter
und Ingeborg Rademacher
Schülerheft 121143
Lehrerheft 121151

Georg Büchner,
Woyzeck
Bearbeitet von Meinhard Gerdes,
Klaus Hesse und Niels Rüdiger
Schülerheft 520509
Lehrerheft 520606

Adelbert von Chamisso,
Peter Schlemihls wundersame Geschichte
Bearbeitet von Bernd Rosen
Schülerheft 521904
Lehrerheft 521955

Joseph von Eichendorff,
Das Schloß Dürande
Bearbeitet von Ursula
und Reinhard Schreyer
Schülerheft 521106
Lehrerheft 521157

Theodor Fontane,
Unterm Birnbaum
Bearbeitet von Ilse Keseling
Schülerheft 520908
Lehrerheft 520959

Gerhart Hauptmann,
Bahnwärter Thiel
Bearbeitet von Dieter Seiffert
und Georg Völker
Schülerheft 522005
Lehrerheft 522056

Gerhart Hauptmann,
Der Biberpelz
Bearbeitet von Dieter Ernst,
Christoph Fellner v. Feldegg
und Jörg Isenbiel
Schülerheft 520703
Lehrerheft 520800

Georg Kaiser,
Gas I
Bearbeitet von Wolfgang Kreß
Schülerheft 521408
Lehrerheft 521459

Gottfried Keller,
Kleider machen Leute
Bearbeitet von Herbert Fuchs
und Dieter Seiffert
Schülerheft 520304
Lehrerheft 520401

Heinrich von Kleist,
Michael Kohlhaas
Bearbeitet von Herbert Fuchs
und Dieter Seiffert
Schülerheft 521203
Lehrerheft 521254

Klassische Schullektüre

Herausgeber: Dr. Ekkehart Mittelberg

Gotthold Ephraim Lessing,
Minna von Barnhelm
Bearbeitet von Otto Bantel
Schülerheft 521009
Lehrerheft 521050

Wilhelm Raabe,
Im Siegeskranze
Bearbeitet von Ulrike Koller
Schülerheft 521505
Lehrerheft 521556

Friedrich Schiller,
Kabale und Liebe
Bearbeitet von
Erdmute von Pickerodt-Uthleb
Schülerheft 521300
Lehrerheft 521351

Friedrich Schiller,
Wilhelm Tell
Bearbeitet von Herbert Fuchs
und Dieter Seiffert
Schülerheft 522102
Lehrerheft 522153

Theodor Storm,
Der Schimmelreiter
Bearbeitet von Herbert Fuchs
und Ekkehart Mittelberg
Schülerheft 520100
Lehrerheft 520207

Theodor Storm,
Aquis submersus
Bearbeitet von Georg Hartmann
Schülerheft 521700
Lehrerheft 521750

Europäische Erzählungen
des 20. Jahrhunderts
Bearbeitet von Herbert Fuchs,
Ekkehart Mittelberg
und Dieter Seiffert
Band I *Schülerheft* 522202
Band II *Schülerheft* 522210

Klassische und moderne
Kurzgeschichten
Bearbeitet von Herbert Fuchs
und Ekkehart Mittelberg
Schülerheft 521807
Lehrerheft 521858

Sehnsucht und Bitternis
Kurzprosa aus der DDR
Bearbeitet von Karl-Ewald Tietz
und Gunnar Müller -Waldeck
Schülerheft 520706
Lehrerheft 520714

Sturm und Drang
Bearbeitet von Donald Lüttgens
Schülerheft 121127
Lehrerheft 121135

Texte und Zeiten

Deutsche Literaturgeschichte

Von K. Klöckner

Mit exemplarischen Texten werden Autorinnen und Autoren vorgestellt, die Epochen deutscher Literatur repräsentieren: von der Dichtung germanischer Zeit bis zur Gegenwart. Der Verzicht auf eine verwirrende Vielzahl von Namen, Daten und Werktiteln erlaubt ausführlicheres Eingehen auf die ausgewählten Beispiele und damit eine verständliche, zum Lesen auffordernde Darstellung.
Dieser Leitfaden will:

- durch einladende Texte und sorgfältig ausgewählte Abbildungen Interesse an Literartur wecken;
- durch Erläuterungen das Verständnis erleichtern;
- durch Schlaglichter auf Autoren-Biographien persönliche Schicksale und Motive ebenso erhellen wie Zeithintergründe;
- durch Aufzeigen von Verwandtschaft und Verschiedenheit epochale Zusammenhänge begreifbar machen.

Der Weg führt von den exemplarischen Werken zu den Autoren und Autorinnen. Oberstes Prinzip ist dabei die Lesbarkeit der Texte und Erläuterungen. Literarische Grundbegriffe wie Roman und Aufklärung werden im Zusammenhang erklärt und als lexikalische Stichworte in eigenen Artikeln behandelt.

ca. 320 Seiten, Abbildungen
(2. Halbjahr 1994)
618 030